商売の原点
鈴木敏文　講談社　2003

7-ELEVEN

零售圣经

〔日〕　铃木敏文　口述

绪方知行　编著

刘锦秀　译

科学出版社

北京

图字：01-2005-4188 号

内 容 简 介

　　近年来，日本的 7-ELEVEN 已成为日本流通业界中的首席企业，曾经在 2003 年他就实现了高达 1600 亿日元的利润，在流通业界无人能出其右，在产业界亦是屈指可数的高收益企业。

　　本书提出了从心理学角度出发的零售方式，分别从经商的基本原则、抓住顾客的心、一切从相信开始、热情带动人等四个章节进行介绍，指出零售商要完成成功的零售活动，就要在商品齐全、鲜度管理、清洁维护和亲切服务上下工夫，注重单品管理，提升自我的信用度。

　　本书适合企业经营者，致力于提高企业利润、勇于创新、实施变革的企业管理者，和经营管理方向的研究人员阅读。

图书在版编目(CIP)数据

7-ELEVEN 零售圣经/(日)铃木敏文口述；(日)绪方知行编著；刘锦秀译. —北京：科学出版社，2005（2019.1重印）
ISBN 978-7-03-016012-6

Ⅰ.7…　Ⅱ.①铃…　②绪…　③刘…　Ⅲ.零售商业-连锁商店-商业经营-经验-日本　Ⅳ.F733.134.2

中国版本图书馆 CIP 数据核字（2005）第 084452 号

责任编辑：张丽娜　赵丽艳 / 责任制作：魏　谨
责任印制：张克忠　/ 封面设计：来佳音
北京东方科龙图文有限公司　制作
http://www.okbook.com.cn

科 学 出 版 社 出版
北京东黄城根北街 16 号
邮政编码：100717
http://www.sciencep.com
三河市骏杰印刷有限公司　印刷
科学出版社发行　各地新华书店经销

＊

2005 年 9 月第　一　版　　开本：A5(890×1240)
2019 年 1 月第二十二次印刷　印张：6
字数：75 000
定　价：35.00 元
（如有印装质量问题，我社负责调换）

前言

不论是在体坛还是在商界，没有基本的体力和认知就没有应用的技巧。如果一个人总是把大家认为理所当然的事，或者明知不需特别技巧的，只要想做就可以做的基本认知都等闲视之的话，绝对无法挑战更高难度的考验。

经营就是应付一切的变化，所以经营者一定要具备扎实的基本认知。

7-ELEVEN 创业三十年来，每一周都会在东京总公司举行全体会议。对这多达一千三百次的会议，我印象最深刻的就是每一次我都会苦口婆心、反复告诉大家基本认知的重要性。虽然我反复叮嘱，但是现实中的7-ELEVEN仍然做得不够完美。毕竟知易行难，想与做之间是有落差的。但是要在大竞争的时代里出类拔萃，唯有永不妥协和追求绝对的完美。7-ELEVEN 从第一家店开张，经过三十年的考验，现在所拥有的店铺数量已经超过了一万家。我个人认为我们之所以能够有些规模，完全是因为 7‐ELEVEN 贯彻了经商的基本原则、原理，并用诚恳的态度和顾客交往所建立的。

这三十年来，我们面对过去无数的变化，本书的内容就是畅谈每次遇到问题时的对策。由于本书是依据我个人上千次的会议速记内容为蓝本所编写的，所以我把此书的文字编辑工作全都委托绪方知行先生，在此特别向绪方知行先生表达最深的谢意。

著　者

目录

7-ELEVEN

第 2 章　抓住顾客的心

第 3 章　一切从相信开始

第 4 章　热情带动人

第1章

经商的基本原则

商品齐全、鲜度管理、清洁维护、亲切服务，就是经营便利商店的四个基本原则。以清洁维护为例，只要是7-ELEVEN的员工，应该没有人不知道这四个字的涵义，但是无法确实执行却是不争的事实……

◎ 便利商店成功四原则

商品齐全、鲜度管理、清洁维护、亲切服务，就是经营便利商店的四个基本原则。

以清洁维护为例，只要是 7-ELEVEN 的员工，应该没有人不知道这四个字的涵义，但是无法确实执行却是不争的事实。

这一项基本原则做不到，却想借其他的手段让顾客上门是不可能的事。清洁维护是如此，亲切服务、鲜度管理、商品齐全也全都是如此。

另外，关于亲切服务这一点，如果店员的待客方式不能让顾客感觉到发自内心的亲切，期望顾客再次上门是不可能的：把味道不佳、鲜度不够的食物陈列于货架，却希望顾客能大驾光临只是空想而已；顾客想要的商品总是缺货，店员却对顾客说："请下次再来买吧。"这种态度是傲慢的表现。

如果一整条大街只有一家便利商店，这家便利商店的生意一定做不久；如果选择在四周住家大都是三餐不济的地区开便利商店，也同样经营不下去。

　　在便利商店尚没有全面普及的时候,7-E-LEVEN 的竞争对手不多,"想买东西"的顾客总是穿梭在大街小巷之中。但现在是个竞争激烈的时代,因为希望顾客光顾的店铺数量增加,比之前有强烈购物欲望的顾客数量增加得还要多。从另一个角度来看,也就表示,相对于过去的顾客,现在一般顾客的购物欲望都减弱了。

　　在不变的大环境下,零售业该做的首先就是回归基本面,并贯彻各个基本原则,因为只有回归基本,才能累积业绩。

　　其实要这么做并不困难,而我们该做的就是商品齐全、鲜度管理、清洁维护、亲切服务,并且更重要的就是实践这四个基本原则。

◎ 做好不起眼的工作

　　不论是商品齐全,或者是鲜度管理、清洁维护、亲切服务,我在其他同业尚未重视这些问题之前,即已不断反复叮嘱 7-ELEVEN 的员工了。

　　这些都是 7-ELEVEN 的创举,并不是模仿其他的同业者。因为经营的大环境越来越恶劣,迫使我不得不追根究底,仔细思考各种超市经营的出发点,最后才归纳出这些结果。

对于这些基本原则,虽然我们实践得并不彻底,但由于其他公司尚未有所警觉,所以相对于其他从业者,我们还是能够多少保持一些优势。一旦别的公司也开始实践这些原则,而7-ELEVEN若想继续保持这份优势的话,就得看7-ELEVEN今后是否可以彻底实践这四个基本原则了。

当其他的同业者都发现这四个原则的重要性并彻底实践时,7-ELEVEN就毫无特色可言了。不过,能够比其他从业者先行一步,即可降低一些坠入因循守旧的风险。

零售业原本就不是讲究气派的行业,因此只有本本分分、踏踏实实地彻底做好许多不起眼的工作,才能创造差异化的经营。

只花一两个星期或一两个月的时间注意清洁的维护,马上就可以让营业额向上攀升吗?答案是否定的。反过来说,有人会觉得,一向注重清洁维护的店,一两个星期不打扫,营业额应该也不会突然滑落?不,营业额会大受影响,这是一个非常可怕的事实。

所以经营便利商店，必须努力排除因循守旧的诱惑，并持续贯彻基本原则，才能从累积的努力中，增加来店人数及营业额。

这个道理就像我们为了健康必须运动是一样的。只运动了一个星期就开始偷懒，等想到的时候，再做一个星期，是无法真正让身体健康的。因此想要真正拥有健康的身体就必须持之以恒。就算一天只花十五分钟、二十分钟运动，只要身体力行并持之以恒，就一定能达到理想的效果。

不论是经营企业或是做其他的工作都是一样的，所以想要做好清洁的维护，最重要的是每天动手，让店面保持整齐干净，绝不能想到的时候才拿起扫把扫一扫。

能够彻底了解基本原则的重要性，并孜孜不倦、不断实践，就可以增强店铺的"体力"了。一间体力不济的店铺是无法做出好的业绩并提升营业额的。

◎ 态度决定胜负

有一家便利商店，每天都会将左右两家邻店及自己的店门口打扫干净，并洒上水，但是店铺里面，只有在入口处稍微洒一点水。从外面来看，和别家店铺并没有什么不同，但是是否彻底清洁，以后一定会反映在营业额上。

另外一家便利商店，紧邻巴士站牌，所以店门口的地面上总是会出现别人乱丢的烟头，虽然店前有站牌算是做生意的好地段，但是这家店并未因此有好业绩。后来经过店铺经营指导员（OFC，Operation Field counselor）和区域经理（District Manager 店铺经营指导员的上司）的劝导，才开始注意店门前的清扫工作，现在这家店的生意已经好得不得了。

其实在此之前，针对清洁维护的事，店铺经营指导员已经和这家加盟店的老板沟通过好几次，但是这位老板就是不理会这件事。后来上任的店铺经营指导员和区域经理，每天不厌其烦地到店铺进行劝说，才终于和老板取得共识。

要改变自己惯有的行动模式是需要一些勇气的，所以就算持续进行长达一个星期的沟通协调，也未必就能改变对方的态度。因此想让对方产生共识，进而愿意改变自己的态度，店铺经营指导员和区域经理必须付出相当的

零售圣经
7-ELEVEN

努力,以最大的诚意反复进行说服。因为只有
热情才可以改变对方的行动。

　　对于卖场的规划管理也是一样,店铺经营
指导员必须仔细查看店内所有的商品,并分析
新商品和畅销商品所占的陈列面积是否够大
等等;然后再将这些事项的重要性告诉便利商
店加盟商,与老板取得共识之后,一一解决问
题。解决问题的时候,千万不要想一次通吃,
那是不可能的;正确的做法是列出所有的问
题,再逐个击破。

　　只要能持续保持用心的态度,营业额必定
会随之提升。而且只要店家能切实地执行,就
算出现了竞争对手,该店的营业额也不会产生
大幅的震荡。

◎ 主动,不是强迫的推销

　　零售业是一种很容易被一时状况所左右
的行业,也就是说,对于刻刻都在改变的状况,
时时都在波动的消费者心理,如果经营者不够
敏感的话,是很难让店铺生存下去的。

　　例如,不论晴天、雨天、湿气重、气候闷热、
店内状态始终都维持一成不变,这对零售业者

而言,是件很奇怪的事。因为店铺早上和晚上的状态,事实上已经不一样了,因此从事零售业的人,都必须具备配合状态随时改变的资质。

例如,在大夏天同时推出关东煮和中华凉面,这两项产品的销售情形一定会受到影响。所以,总是把同类的商品放在同一个地方,是不可能有亮眼的业绩。所谓零售业,就是顾客不进门,业绩等于零。

如果心中常有此概念,就会时时想到"今天的状况是如此,我们应该多订一些这种商品,并向顾客积极推荐这种商品。"这样的话,心念及行动才能产生完美的结合。

总之,把这类商品放在最醒目的地方,然后再向顾客说:"今天天气很好,买这个如何?"这就是亲切服务了。

店员和顾客有了这种交流,一般的顾客就会觉得"这家店的感觉真是不错。"所以店员和顾客之间的对话,并非只有"欢迎光临"和"谢谢"而已。

但是如果在还有点寒意的夏天,向顾客建议:"现在饮料(表面有冰淇淋浮动的饮料)特惠销售,买一杯吧!"顾客的反应又会如何?

　　姑且不论此商品是否卖得好,顾客会觉得店员把不必要的商品塞给自己,这对顾客而言,就是一种不好的印象。毕竟做特惠活动是店家个别的举动,特惠中的商品未必就是顾客所需要的东西。因此,经营者如果以为把什么都塞给顾客,要顾客购买就是会做生意,那就大错特错了。

　　日本现在的经济环境不同于过去的高速成长期,顾客已不会轻易打开钱包,因此我们必须更积极主动地采取攻势,但是主动采取攻势并不等于强迫推销。

　　店员该做的不是把顾客不要的商品塞给顾客,而是要顾客买了你所建议的商品后,有"买得真对"的感觉。换句话说,我们该准备的就是这类商品,该给顾客建议的也是这类的商品。

　　站在顾客的立场来看,天气冷的时候不喝冰饮料是理所当然的,所以店员建议顾客买这种商品就是一种强迫推销的行为。

　　另外,店员陪着顾客找到了顾客原本没有注意到的商品,并且买下了它,此时顾客一定会非常高兴。其实顾客在进门之前,原本并没有一定要买的打算,但是在店员的陪同及建议之下,产生"买下真好"的愉悦感,而这份愉悦感即会为店家带来下一次的进账。

从事零售业的人,必须经常站在顾客的立场进行思考。当我们站在顾客的立场思考时,就知道我们的举动对顾客而言是得还是失;单方面把对我们有利的事情推给顾客,这种生意是做不长久的。

对顾客有利,对我们就一定有利;会不会做生意、店铺经营得好不好,秘诀就在这里。

◎ 一人犯错,连累全店

现在经济非常低迷、顾客的消费能力紧缩,所以顾客选择店家或商品的眼光也比从前苛刻许多。这个时候,我们就必须改变市场的操作方式——当然也就是必须改变订货方式。另外,对于亲切服务、清洁维护等基本原则,更要严格执行,力求彻底。

我常接到顾客的投诉信,其中有一封是这样写的:

"我在某家 7-ELEVEN 拿了一样贴了 70

元条码的商品到柜台结账，但是店员说，这东西不是 70 元，而是 90 元。他完全没有为自己的失误向我道歉，所以这次的购物经验，让我觉得非常不愉快，我再也不会去这家店了。"

除了这封信，投诉者还把那个贴了 70 元条码的商品寄了回来。

每个人都会犯错，犯错时，说声"对不起"是理所当然的。就算不是开店做生意，这也是做人应该有的基本态度。

碰到这种情形，店员必须马上表示"这是我们的失误，这份商品还是只收您 70 日元。"因为站在顾客的立场，他们一定是这么希望的。

这位投诉者还在信里建议，"7-ELEVEN对于店员待客教育应该实施得更为彻底。"看到这一行字，我简直羞愧得无地自容。

现在日本各地都有 7-ELEVEN 的便利商店。虽然被这位投诉者点名的店只有一家，但是这却足以让其他挂着 7-ELEVEN 招牌的商店受到连累。因为这些店家为亲切服务所做的努力，都可能因为这一事件而化为泡影。这家店的业绩做不起来是理所当然的，但是其他商店却无端受到了池鱼之殃。

所以每一家商店都应该珍惜上门的每一位顾客，并留意每一项商品的销售情形，才能为业绩的提升打下稳固的基石。

◎ 极致的新鲜货

1982年，伊藤荣堂开始着手进行业务改革的时候，对一般的菜类和油炸食品的鲜度，订下了极为严格的基准。

例如，天妇罗的味道会随着时间的推移而变差，所以伊藤荣堂指示各店，只能销售炸好一两个钟头的天妇罗。当年的超市都必须在开店前把所有的商品全数陈列上架，伊藤荣堂之前当然也依循这种做法，所以门市所销售的都是炸好几个钟头后的天妇罗。不过一经决定，伊藤荣堂仍然毅然行动。

7-ELEVEN自创建以来，即努力开发味道及鲜度均佳的优良速食调理商品，以服务我们的消费者。例如，米饭类的食品采取三班体制（一日生产三次，即一日交货三次），为的就是保持食物的美味及鲜度。这种做法果然被消费者接受了。

7-ELEVEN 也是零售业中第一个注意到牛奶保鲜期限问题的公司。我们之所以会这么做，就是从这种想法衍生出来的。虽说现在制造技术可以延长商品的使用期限，但是消费者对于出厂后放置了一段时间的商品仍然是敬而远之的。

另外，我们也和市场上的小面包坊合作，进行圣诞节蛋糕预售活动，这也是我们重视美味和鲜度的具体做法之一。

以往商家的做法是，为配合圣诞节当天的大量需求，从圣诞节前几天开始，即利用机器有空当的时候，预先把应景的商品制造完成。由于是预制，为了让糕饼能够多放几天，就必须减少糕饼中的乳脂成分，这种商品不论是味道和鲜度都大打折扣。类似这种供给制度就是一种违背顾客需求的制度。因为消费者要的是好东西。

因此我们采取了"预售"的新方法。

在残酷的竞争条件下，如果不能经常创造差异化的经营，我们的市场就会越走越小，越走越偏；在这种情形下，想要扩大市场保持均衡，分析消费者的需求，追求食品的美味及鲜度是必然的结果。

商品取得消费者的信任之后，销售自然旺盛，上下架的回转速度也会跟着加快，这就是"良性循环"，良性循环一启动，废弃率自然下降。

例如，某样商品，我们订了三个，如果只卖出两个，相比营业额，废弃率为33％，但是如果我们订了10个，却能卖出9个，只剩1个的情形下，废弃率即为10％。同样都剩下一个，可是实质却不相同。

废弃率因"好卖"而降低，一家能处于良性循环的店，必能成为消费者忠诚度高、竞争力强的店铺。

消费者要的不是只有"便宜"，销售10元以下的寿司，就无法创造差异化的经营，要创造差异化的经营，最重要的就是提供消费者认为有价值的好商品，以食物为例，首要条件就是味美、新鲜。只要营业额提升，废弃率降低，利润自然就增加了。

◎ 从消费者的角度思考

经商，尤其是做零售业，一定要经常以消

费者的心理来思考事情，才能了解消费者真正的需求。

　　顾客不上门的理由或原因，每一家都各不相同，有的店铺地段好，可是店员服务态度恶劣、不够友善；有的店则是商品的种类无法满足消费者的需求等等。总之，理由有千百种之多。

　　当然也有特别极端的情形，例如，有的店商品不全、充斥瑕疵品、店员态度傲慢，可是顾客却始终络绎不绝。这是因为这家店的位置实在是绝佳，所以顾客为图方便，不得不忍耐。但是这种店的附近如果再开一家稍微好一点的商店，顾客一定迅速流失。

　　反之，店面的地段不佳的商店，又该如何吸引消费者上门呢？从过去的经验，相信很多人都会认为只要东西卖得便宜，顾客就会上门，但是千万别这么简单就下结论，因为相应的对策不是每一家都一样的。

　　我们必须依据顾客的心理考察自己的店到底少了些什么，才能进一步决定该怎么做。

　　如果问题出在库存，首先我们就必须详细了解消费者对每一样商品的感觉，而零售业者要能以消费者的角度思考事情，简言之就是"客观"的态度。

就拿鲜度要求比牛奶更高，而且是 7-ELEVEN 尚未经手过的水果——桃子为例，夏天吃桃子的秘诀就是在吃之前两三个钟头，先把它放入冰箱里。不过，如果冰的时间过长，桃子的甜味就会逐渐降低，换句话说，不是任何东西都可以尽早放入冰箱的。

另外，如果我们把到货的桃子放入打开的箱子里，放个三四天，或许桃子看上去不会有任何变化，但是味道确实变差了，所以我们必须考虑将库存时间尽量缩短。因此，善于控制桃子的库存时间，唯有竭尽所能的谨慎注意，才能将最好的桃子卖给消费者。

另一个例子就是米，把米放在温度较高的地方很容易变味，尤其是放在阳光直射的地方，那就更别说了。因此，盛夏时候，如果店家进大量的米，或许就会招致消费者大骂："同样是越光米（新　所产的米，没有农药，无需清洗），这家店卖的怎么这么难吃！"

现在卖米的自动售货机均有冷藏设备，所以消费者为了吃到香喷喷的米饭，都会到自动

零售圣经
7-ELEVEN

卖米机前,只买自己所需的量,而非一次买进大量的米。研究商品鲜度时,就必须事先了解这种状况。

另一种商品——面条,也不适合放在温度高的地方,一般来说,干面做好后放几天,比刚做好的味道更诱人。

总之,在处理商品的时候,都必须事先了解各种商品的特性。

◎ 不能让顾客厌烦

便利商店拥有许多潜在的顾客,这句话的意思就是说,到目前为止,便利商店尚且无法满足消费者对日常生活更为方便的需求,因此可以说便利商店还有许多创造需要的空间。所以零售业的成长空间是无限的,这句话绝非言过其实。

有人把营业额没起色归咎于竞争太激烈,这是一种极为愚蠢的想法,因为你总是在你曾经走过的路上来回反复,所以才会如此思考。商品总是千篇一律毫无新意的话,消费者当然会厌烦。

因此,我们必须下工夫,不让消费者感到

厌烦。

方法之一就是进新的商品,仔细看店里的商品就会发现滞销的商品几乎占了三分之一,如果还继续卖这一类的商品,顾客越来越少是理所当然的。

例如,每个家庭都有玻璃杯,但是已经有玻璃杯的人家就不会再买新的杯子了吗?答案应该是否定的。只要市面上有更流行、更好用的杯子出现时,消费者还是会想买的。

只要这一类商品层出不穷,一定可以吸引消费者不厌其烦再度上门。

衣服也是如此,没有人会因为衣柜中装满了衣服就不再买衣服,只要厂商能提供令人惊喜的新款服装,消费者必然会产生购买欲望。

7-ELEVEN 在刚起步的时候,为了让世人知道它的存在,曾经做过广告。但是现在不论再怎么卖力宣传 7-ELEVEN,应该都唤不起消费者特地走一趟 7-ELEVEN 的欲望。因为就算消费者愿意走入店中,在找不到能勾起消费意愿的商品的情况下,无论花多少宣传费,甚至猛打电视广告都无济于事。

"去那家店走一趟,甚至可以看到新的商

品!"——如果店铺能有这种魅力,消费者自然会再度光临。

因此,更换新的商品,让消费者重新认识自己的店是非常重要的,换句话说,必须常常推陈出新、求新求变。

用和去年一样的商品,迎接新的一年,营业额的确会下滑,因为前一个年度受欢迎的商品,不见得到今年还能继续畅销,而且这类商品让消费者产生厌烦的可能性比较高。所以我们必须未雨绸缪,防止这种遗憾发生。

当营业额衰退的时候,最简单的对策就是把衰退的原因,例如赠品不好等等,转移到别的目标上。这么做或许就可以让消费者完全忘掉过去的不愉快。但是这种做法非但不能提升业绩,甚至还会让营业额继续下滑。

因为当你一旦察觉顾客已经开始对你的店铺感到厌烦的时候,除了引进别的商品,或是改变经营模式之外,别无其他方法。

总之,必须挖空心思去发现顾客的需求,就算能够要要花招,低价促销某些可以招揽顾客的商品,事实上也无助于解决根本问题。

◎ 质——钱花在刀口上

根据 1999 年的统计,伊藤荣堂服装的"机会损失(Opportunity loss)"是经常利益(Recuring Profit)的 2.6 倍。所谓机会损失是指本来应该可以卖的商品,因缺货而产生的损失。从消费者的角度来看,就是进了商店却买不到想买的东西。

现在消费者的购买心理和从前有相当大的差异。具体来说,就是比从前更重视"质",所以现在已经不是"便宜就是好"的时代。

某一年,伊藤荣堂卖了 30 万件的女式大衣,这些大衣比之前的商品品质好,因而价格高。

没有人会买一件比自己已有的大衣更差的大衣,所以因没有大衣而购买,或因所拥有的大衣太旧了而购买的消费者,只占了这 30 万人中的一成而已,其他的 27 万位消费者则大概都拥有一件或两件的大衣了。

这些人之所以会再买另一件大衣,理由不外乎就是追求新的潮流,或者是想添购一件品质比从前更好的大衣。

所以好的东西在经济不景气的时代一样能卖。但是,好东西能卖,并不表示消费者的钱很多,而是大家都想将钱花在刀口上,所以不买用了即丢的廉价品。

现在,不仅商品本身要讲究品质,连卖场的购物环境是否清洁、舒适,服务人员的态度是否亲切等附加条件,也会影响生意。因为这些条件都会左右消费者选择店铺及购买的心理。

从前做生意,并不重视这些,但是现在这些附加条件已和商品内容一样重要了。

◎ 任何一个数字都是警惕

无论做什么工作,基本最重要。

经营零售业,并不需要做什么特别难的工作。把商品排列整齐、把传票一张张整理好等,都不是什么困难的事,只要牢记做法,任何人都可以顺利上手。

难的是要确确实实落实这些基本工作。

公司越大、经验越丰富、工作越熟悉,基本的东西越容易被疏忽。所以每一个人都必须牢牢记住,落实基本功才是成功做好工作的不二法门。

有些商店刚起步时,业绩并不好,但是到了后来成绩却非常显著,究其原因,就是经营者本本份份地落实了基本作业,零售业毕竟不是一下子就能发财的行业。

最近,零售业发生了很多问题,我个人认为这些全都是疏忽基本原则所造成的。

这些可能都不是什么大问题,但是几乎每一家商店都有畅销商品缺货、不良库存等等的问题。造成这些问题的原因就是忽视基本。

例如,不良库存的问题其实是个"果",因单品管理不佳,才发生了这个问题。

不仅仅是库存,在零售业中所出现的任何一个数字,都是一种结果,其代表的意义,就是警惕从事零售业的人,必须重视产生结果的中间过程。

结果不就是让商品能卖出吗?——如果经营者认为事情就是这么简单,一旦商店附近出现了竞争的店家,店铺的业绩就会滑落了。如果不希望自己的店面对这种窘态,就必须好好落实基本工作。

以总体而言,这些基本工作对于经营可能

谈不上有益,但是以分题专论切入的话,却可以具体地一一解决问题,所以是非常重要的。如果经营者要借此赚取利润,又可以满足消费者的需求,就等于将阻碍商店发展的绊脚石一一搬开了。

当经营者将店里的问题全部解决之后,才能获得上门光顾的消费者真正的认同。

◎ 不要让畅销商品缺货

每家便利店的靠墙处,都会有无数个放置冷饮等各式饮料、供顾客自由打开柜门的玻璃陈列柜,我们称这种陈列柜为冷藏冰箱。如果店家在这种冷藏冰箱中放入 100 瓶一天只能卖一瓶的牛奶,结果将会如何?

这种做法就等于堆放了一百天的库存,这个例子虽然有点极端,但是事实上真的就有店家做这种愚蠢的事情而无动于衷。

会缺货的商品十之八九都是冷藏冰箱中的商品,若一家商店不是堆着过多的商品,就是缺货连连,那么绝对会造成营业额上相当大的损失。

以家常菜为例,各店就必须先行了解市场

上整体消费的趋势、单身顾客的喜好,再掌握各店本身的特色,研究适合自己商店方向的商品政策(Merchandising)。

因此,每家店的商品政策都会不一样。时代改变,消费者对商品的品质要求得非常严格,所以库存越多损失就越大。因为卖不出去的东西会造成库存量增加,相对地对顾客而言,有魅力的新商品上架的空间就越小。

总之,确定今后的商品政策时,都必须先行了解这些基本认知。

◎ 货色齐全 VS 库存太多

以前我们会认为库存多的店就是一家什么货都齐全的好店,但是事实告诉我们,这种店是没有利润的。如果一家店能够正确地进货,知道什么能卖,什么不能卖,店里就不会堆着一堆永远卖不出去的货了。

有五家一天只能卖出 3 个汉堡的店,他们想尝试增加订货量,以提高销售额,结果这五家店都采取了同一对策,将订货量都增加到 30个。当然,这是一个错误的决策。

突然增加订货量,其实只是徒增损失而

已。因为来客数少，每天营业额本来就不高的
店，从一开始就堆放库存，只会让业绩越来越
恶化。

同样地，原本的顾客层即以主妇为主、年
轻人甚少上门的店，想要提升汉堡的销售业绩
也等于是缘木求鱼。所以这家店必须正确掌
握上述状况，再研究对策。

也就是说，我们应该先针对各种商品的来
店客数、客户层等，详加分析之后，再考虑如何
订货。若是不分青红皂白随便下订单是无法
继续存活下去的。

想想家中的收支情形，就会明白这个道理
了。一个家庭如果无视收入和支出的状况，就
任意贷款买房子，情形将会如何？

有家店，它的人事费用虽然偏低，但是每
天的收入有一百万元，在这种情形下，加盟店
老板即使不想用自己的家人，可能还是经营得
下去。但是，日营业额不高的店，是不是有能
力花多余的人事费用，经营者可就得仔细想想
了。

◎ 在竞争中胜出：精准

如果自己的店和其他同业公司所经营的店在质上本来就有很大的差别，这倒不是什么问题，但是，如果其他的店也都做相同的生意时，那该怎么办呢？

如果附近商店所卖的饭团、便当等等速食调理商品不但经常缺货，而且风味、鲜度都不及你的店，当然可以立即判断，这家店绝不是你的竞争对手。但是如果在你的店铺四周出现了水准和你相当的商店时，就算店家数只有一两家，也会发生竞争的状况。

在这种情况下，如果你的店无法比其他商店更优秀，就无法在这场竞赛中求得胜出。换言之，你的店必须比其他商店先向前跨出一两步。

有的店因为销售饭团、便当，而造成相当大的损失，如果因为害怕损失而不进这些种类的货品，经营将会步入缩小而失衡的困境。但是在两家店的营业额都是相同的情况下，当然是损失越小的店，利润就越高了。

因此，如果我们能够提高市场操作的精准

零售圣经

7-ELEVEN

度,尽可能地减少损失,并增加销售额,就足以
赢得与同业的竞争。

没有竞争对手,我们只要想到自己的店即
可,但是一旦有竞争对手出现时,我们就不能
够再继续唯我独尊了。

例如速食调理商品,我们的竞争对手就不
是只有同业的便利商店,现在各大超市及许多
的外食餐厅,也都不遗余力地在经营熟食,所
以这些店也都是我们的竞争对手。

销售外食的店,可以直接把热乎乎的汉堡
交到顾客的手上,对于这一点,如果我们不能
迎头接受挑战的话,在这场竞赛中,我们就没
有胜算。

尤其处在经济不景气的时代里,如果我们
不能经常洞察四周的动向,激励自己动动大脑
是无法在这个业界继续生存下去的。另外,善
于保持好味道及鲜度,我们还要不忘时时备
战,向提升水准挑战。

◎ 相对价值和绝对价值

7-ELEVEN 在刚成立的时候,几乎找不到
长时间营业或 24 小时营业的商店。所以,营

业时间的长度,就是我们的绝对优势。

因此提供 24 小时的服务,让 7-ELEVEN 在绝对和相对上,都得到了一百分的满分。

但是现在这份优势已经失去效力了。

并不是因为 7-ELEVEN 的营业时间缩短了,只因为提供 24 小时服务的商店变多了,虽然 7-ELEVEN 并没有比以前逊色。

只是我们现在四周的商店,每一家都延长了营业的时间,连超级市场都营业至深夜,有的甚至还 24 小时不打烊。

换言之,我们提供长时间服务的价值并没有改变,但是在相对上的分数却比以前退步了,如果从前是一百分,现在顶多只有七十分或七十五分。

我常说零售业是一种相对事业,这句话套用在这一方面是再恰当不过了。

不过在商品政策、亲切服务、清洁维护这些方面,虽然我们仍本着一贯原则尽心尽力,努力提升绝对水准,但是如果整体的水准皆向上提升,那么相对的,我们的分数就会比以前退步,因此现在经营便利商店一定要考虑这些状况。

零售圣经

7-ELEVEN

　　"亲切服务"这个问题也是一样,只要别家店铺的水准向上提升,我们的店铺虽然维持相同的水准,但是顾客是感受不到的。

　　另外对于清洁维护,如果仍维持十年前的模样,就表示我们落伍了,因为和十年前相比,消费者对于清洁维护的要求标准已经提高了。因此,如果在这个时候,经营者还倚老卖老,认为自己在这个行业比较长久,清洁维护做到这般程度就可以了,上门的顾客将会越来越少。

　　至于商品政策,常有经营者认为经过那么多的努力,现在的情况已比从前好多了,所以不再花心思关注商品鲜度、缺货等等问题,甚至还认为店里的生意已经打下良好的基础,店员无需笑脸迎人,业绩也可继续成长。

　　但是追根究底,这些都只是绝对的价值观,经营零售业,只拥有绝对的价值是不够的。对于商店而言,绝对的价值固然不可缺,但是我们还是必须努力在绝对价值上,提高它的相对价值。

　　如果我们无法判断相对价值,就无法提升绝对价值。

◎ 质的提升永无止境

经营便利商店必须非常重视"味道",例如难吃的便当,就不是价格的问题,味道不佳,无论卖得多便宜,都是乏人问津的。

到目前为止,相对于其他的商店,7-ELEVEN 的售价算是比较高,但是却卖得非常好。

换言之,味道就是一种绝对价值,是靠努力开垦出来的要件。所以要经常留意别家店是否有比我们更好的商品。

如果从相对比较的观点来看竞争的话,就是确认自家店铺的四周是否出现了对抗性的商品,然后再备齐比人家更好的商品。

碰到这种情形,如果只求量的追加,是有极限的,但是对于质的追求,却可以永无止境。

我们不能以量改变质,若是弄巧成拙,量甚至还会伤到质;反之,借着质的提升再增加量,却是可行的,这是经营便利商店的基本认识。

从这一点去思考就知道,如果一家店的销售额比起前一年下滑了整整一成,问题就严重

零售圣经
7-ELEVEN

了。因为今年的销售额不如前一年,就证明店家在过去一年对商店的"质"疏忽了。

在我们的便利商店里,构成质的要素就是商品齐全、鲜度管理、清洁维护及亲切服务。商品齐全还可进行细分,畅销商品是否齐全?是否缺货?价格是否合理等等,常去思考这些问题,就是追求质的提升。

如果能够针对上述的构成要素,逐一进行质的提升,就算竞争再激烈,我们的销售额应该不至于有暴跌的情形;反之,因为竞争对手的出现,让我们有机会证明我们店铺的质更胜一筹,反而会让业绩上扬。

每个人都希望靠自己的力量开创出一番事业,所以我相信没有人会从一开始就准备偷懒懈怠,而成败的关键就在于是否用对了应对的方法,因此,了解什么才是正确的应对方法是非常重要的。

◎ 销售额滑落与竞争无关

有些店连续两年都呈负增长,显而易见是经营者没有掌握确切而得当的对策。

或许暂时会因为竞争对手增加,就导致销

售额下降的短暂现象，但是连续两年都是负增长，我认为至少在 7-ELEVEN 的加盟店中，应该没有这种情形。所以一家店若出现这种情形，绝对有其他的原因。

我个人认为，把销售额的下降归咎于竞争对手的增加是很荒谬的事。因为销售额的下降，不是相互竞争所造成的，而是顾客用心中那把比较商店价值的尺，测量后的结果而已。

店铺会落入这种状况，最大的可能就是商品齐全、鲜度管理、清洁维护等方面出了问题，因为当有竞争对手出现时，这些问题就会完全暴露出来。

只有一家便利商店的商圈太狭小，无法吸引四面八方的顾客，没有一家便利商店会因附近开了其他商店，而让销售额急速滑落，就是最好的证明。

但是，却有不少人认为四周出现竞争对手，销售额一定会滑落一至二成是必然的。

会有这种想法的人，应该是所经营的商店，不论是店铺的形象、商品的齐全程度等各方面，都呈现相对的劣势，才会让销售额下滑。如果能提升质的水准，超越竞争对手，就绝不会发生销售额下滑一二成的事。

　　曾听到有人说："因为相互竞争,销售额只剩一半。"我想真相并非如此,会有这种情形,绝对是竞争对手还没有出现的时候,这家店就疏忽了该留意的基本原则。因此当有一个比较对象出现时,平日的疏忽即被突显出来,才造成销售额下滑,这应该才是事发的真正原因。

　　但是却有人错把这种情形,当成是铆足力相互竞争的结果。

　　不论出现何种竞争对手,都应保持不败之姿,这原本就是我们经营便利商店的大前提,所以平日我们就必须锻炼自己,让自己拥有强健的体质。如果像前例,只知把销售额下滑的原因归罪于外,把它推给竞争对手,而不知自我反省的话,永远无法改善本身的体质。

　　如果平日我们就常常思考如何在竞争中求得胜出,并了解可行的手段的话,应该就可以提出正确对策。

　　针对竞争对手,打出特惠商品,吸引顾客的目光,这不是根本的解决之策。我们的竞争对策应是商品齐全、鲜度管理,而不是这种廉价大封锁,我们应该考虑的是提升清洁及商品的品质。如果提到竞争对策,就只想到"便宜",这就表示对经商的应有状态不求甚解了。

同样的店,换了经营者后,业绩就往上攀升的例子也层出不穷,这些事实即说明,无论多么完善的店,还是有改善的空间。换句话说,店中的销售额是升是降,和基本原则落实的程度息息相关。

从消费者的角度思考,如果这家店的服务不佳,而又有其他更好的店可以选择的话,消费者当然会琵琶别抱,如果能够想通这一点,再对症下药,多多少少都可以防止顾客流失。

◎ 最重要的是那份心

增添新的冷藏冰箱,新的陈列架,并不能保证一定提升销售额。因为店面重新装潢、设备焕然一新,但是工作态度却一如往昔马马虎虎,这对提升销售额而言,是毫无助益的。虽然我们常说:"人要衣裳,马要鞍。"但是人和人之间,如果想长期交往的话,只重表面是不够的,那份心、那份感情是很重要的要素。

如果商品不齐全、商品的品质不佳、商店

的环境不清洁、店员的服务态度不好……无论放多少个新架子都没有用。因为在消费者眼里,这种店完全没有魅力。

因此,对零售业者而言,最重要的就是贯彻基本原则。

但是,有些人偏偏就是不肯落实基本原则,而企图以一些小花招求得眼前短暂的利润。经营零售业绝不能追求肚子饿了才吃饭的即时有效性。

◎ 关键在基础体力

只善投或善接,是无法成为一位杰出的职业棒球选手的;如果不能具备可以胜任职业选手的基础体力,则做任何一种项目都成不了气候。

我们的工作也一样,不管店铺做多少的促销活动,只要日常工作不能从根本上落实,就无法持续经营。

提到促销宣传,我就非常感叹,因为很多人把促销当成了成果,而其实促销商品所带来的销售额,只占商品销售总额中的极少数。

在过去需求旺盛的时代,举办活动或促销

35

宣传,的确可为零售商店带来相当的利润。因为当时的消费者购买欲望强,只要能够招徕顾客就一定能让他们掏腰包买东西。但是,现在情况完全不一样了,店家必须在商品齐全、鲜度管理、亲切服务等基本原则都落实之后,办活动、做宣传才能收到实质的成效。

这和靠运动增强体力的道理是一样的,如果我们平日未锻炼销售的体魄,做什么都是枉然的。

靠宣传、靠送赠品的做法也不是正当途径,因为没有赠品,商品就卖不出去的店家,根本没有资格从事零售业。

不论是经营便利商店或者是超级市场,如果能够提升商品齐全的水准,就能在卖出促销商品之外,再附加卖出其他的一般商品,这才能为店家带来真正的利润。

如果投入宣传费做促销活动,却未能在收支上看到成绩,这种宣传就成了一种反效果宣传。为了避免这种状况发生,我们一定要提升我们的基础体力。

零售
圣经
7-ELEVEN

◎ 忽视基本原则的后果

经营情形一旦开始转坏,店里生意就会一路向下滑,连执行紧急措施都于事无补。

我曾经到一家业绩非常糟糕的家庭餐厅检查,在那里我看到了奇怪的画面:前面的顾客用餐完毕之后,有其他的顾客进来了,可是前面顾客吃过的餐桌还没有收拾,店里有其他的座位,可是没有服务员把顾客带过去,顾客招呼服务生,可是不在该区服务的服务生却不过来。对于这些情形,店中的服务人员竟然都习以为常,而且熟视无睹。

我知道美式的工作手册上,可能规定员工只需做好自己分内的工作,其他的工作,就算同事再忙,如果没有上司的指示,都不会帮忙。可是顾客绝不会习惯这种"不关我的事(Not my business)"的思维方式。

在凡事都讲求多一分关心的日本,以这种方式经营生意,一定会让顾客反感的。真正该做的就是顺应顾客的需求,提供应对。美国地大物博、人手不足,发生这种情形,或许情有可原,但是日本顾客受到这种待遇,一定大发雷霾。所以培养店中服务人员的工作态度，如果照本宣科，一切依手册行事，那可是个大问题。

这家家庭餐厅的情形，绝不是某一天突然出现的，在这之前，一定出现过某些症候。总之，问题就是在每日的工作中，经营者和员工都疏忽了基本原则。

例如，贴在架上的促销广告都已经褪色了，还一放就是好几个星期，墙壁有明显的污痕，空调的通风口处满是漆黑的污垢……照理说每天稍微擦拭一下，就应该不会脏到这种程度，但是店里的工作人员却任由它放到发黑，这就是将基本原则等闲视之的证据。表面的状况已经如此，其他的部分一定也同样惨不忍睹。

又例如，卖场里到处都堆着卖不出去的旧货，这就证明单品管理的基本作业没有落实。店家在进畅销品之前，必须先排除滞销品，如果未排除滞销品就进新货，会给消费者仍然在卖滞销品的感觉。

蓄水池的水脏了，仍直接加入新的干净水，整池的水是不会清澈的，想让整池的水都变得清澈，就必须加进大量的水，有的时候这

么做,还不见得能完全干净。但是,如果看到
水脏了,就先把污水排放掉,再加入干净水的
话,不费吹灰之力,就可以让池水焕然一新。

同样的道理,我们也不能只是一味进畅销
货,在进货之前,必须排除滞销品,因此做好基
本的单品管理是非常重要的工作。

◎ 削减经费非良策

碰到经济不景气的时候,店家想出的对
策,就是缩减经费。施行的结果却往往连必要
的经费也一并被删除,进而造成整个公司营业
状况坠入因规模缩小而达成的平衡假象中
(Convergence & Contraction,Balance at a re-
duced level,经济规模或市场规模缩小而带来
的供需均衡)。

之所以会发生这种状况,是因为经营者没
有考虑到自己到底是为什么而工作,就贸然进
行经费的削减所造成的结果。

零售业是提供让消费者满足的价值,进而
从中获取利润作为回报,如何让利润继续产生
并持续扩大,就是我们该做的工作。因此,我
们绝不能采取会导致经营状况陷入缩小均衡

的对策。

以一个日销售额 50 万日元的店为例，除了老板夫妇之外，需请十位左右、发时薪计酬的员工，所需的人事费用一个月约为 50 万日元。如果想将人事费用降为 20 万日元，只要减少雇佣的员工就可以做得到。这么做的结果，一个月的销售额，应该不至于滑落一半，但是多少都会受到影响。如果把减少的销售额和少掉的人事费用相抵，利润应该会增加。所以如果只看这一部分，消减经费是有效的。

但是，这种情形持续几个月后，情况又会如何？

由于清洁工作做得不彻底，店里可能到处都是尘埃，由于人手不足，店员的服务可能不够亲切，由于订货有闪失，很多商品都可能会缺货。

在开始的几个月，店里的利润或许会增加，但是这种光景绝对无法持久。其实这种情形，大家都心知肚明，但是在我们的工作现场，真的就有经营者这么做。

经营零售业的人，不能没头没脑地任意削减经费，而是要做好经费的管控。所谓经费管控，就是视情况削减或增加费用，而衡量管控的那把尺就是，如何做才能带来最大的整体效益。如果增加人事费用，反而会得到多于经费的收益，这就是有效的经费管控。

所谓经费，应该是指相对于产值的结果，我们来评价是用得太多，还是用得有效的一种费用。想要正确地判断，经营者就必须经常精确地把握作业的质和量。如果不这么做，经营者就无法做好经费的管控。

需要几个人来做，这是量的问题，这个人能够完成几分的作业，这是质的问题。以收银员为例，如果是廉价商店，因为要尽可能倾销商品给顾客，所以重心会放在量，但是重视亲切服务的便利商店、超级市场等专门店，就会以讲究应对、态度等质的方面，作为经费管控的着眼点。

当然重视质的亲切服务，不是看到顾客大排长龙等着结账，收银员还慢吞吞地工作，但是任意增加人手，也不是一种好现象。所以到底要把重心放在量还是质，就是问题的关键了。

不管重质还是重量，都与用人有关。廉价

商店虽然也讲究亲切，但是选人时，会以手脚灵活、能够快速操作收银机的人为标准，便利商店或是超级市场则偏爱善良细心、能设身处地为他人着想的人员。总之，用不一样的人，就会有不一样的销售额，也就是说，销售额会因经营者所雇佣的人不同，而有不同的变化。

第2章
抓住顾客的心

现在的消费已经完全进入心理学的领域，但是很多人还依旧把消费划入经济学的范畴。从过去的思考方式来分析，消费的确是属于经济学的范畴，在过去卖方市场时代，消费旺盛与否，在经济学的领域内都可掌握得到……

◎ 以心理学思考消费模式

现在的消费已经完全进入心理学的领域，但是很多人还依旧把消费划入经济学的范畴。

从过去的思考方式来分析，消费的确是属于经济学的范畴，在过去卖方市场时代，消费旺盛与否，在经济学的领域内都可掌握得到。

但是，在时代的脚步已经进入买方市场的现在，虽然有些部分还是必须以经济学的角度进行思考，但是商品的价值却是由顾客的心来决定的。

因此，影响价值判断的各种要素，例如顾客是如何掌握商品价值的？对自己而言什么是具有价值的商品？什么样的商品是顾客会感到需要的等等，就必须以心理学的角度进行思考。

政府的政策或行政策略之所以会执行得不顺畅，就是因为政府尚不明白消费是属于心理学的领域，到现在还是只用经济学的角度思考问题的缘故。例如，他们认定减税就应该可以提升消费，降价就应该可以增加消费，政府就是用这种方式去思考一切。

零售圣经

7-ELEVEN

44

经营流通事业的人,终于已经开始明白现在不再是廉价消费的时代了。

这种时代变化,对一向重视顾客心中价值的零售业者的我们来说,正是大好机会,因为在一切讲究便宜的时代里做生意,是非常困难的。但是现在消费者不再只问便不便宜,也关心价值了。

如果商品的效用相同,当然价格便宜的会比较吃香。但是在现代人的消费欲望中,心理要素所占的比例已然超过了商品的效用。

就以围巾为例,就算保暖的效果是相同的,许多人还是非名牌不买,这就是价值观的问题,而价值观就是属于心理学的范畴。

所以在消费已经进入心理学领域的现在,懂得重视顾客心中价值的商店,将比把价格当利器的廉价商店更具优势。

因此,我们在店头所陈列的商品,不但要廉价,还要新颖而且有价值感,这一点是非常重要的。

这就是现在消费进入心理学领域后的经营基本认知。

◎ 无法以经济学说明

伊藤荣堂也销售羽绒被,把18 000日元的羽绒被和58 000日元的羽绒被放在一起,58 000日元的羽绒被完全卖不出去。但是在两样商品之间,再放一种售价38 000日元的羽绒被,58 000日元的羽绒被就卖得呱呱叫。

因为18 000日元和58 000日元之间的差距太大,让顾客很难做比较,在这种情形下,顾客多半会买比较便宜的,但是中间再来一种38 000日元的商品,要比较三者就容易多了。

因为顾客会这样思考:18 000日元的羽绒被和38 000日元的羽绒被,这里不相同……38 000日元的和58 000日元的,这里不一样……58 000日元的羽绒被虽然贵了一点,但是物有所值。

如果只比较18 000日元和58 000日元的商品,顾客会认为差距如此之大,一定是卖方故意要营造58 000日元商品的价值。在这种情形下,只要价钱还合理,顾客会认为较便宜的商品比较有价值。

但是,如果在它们中间再来一种38 000日

零售圣经

7-ELEVEN

元的商品,顾客的价值观就会动摇,而非产品绝对价值的问题,也就是说,我们可以用心理学来说明这种问题,但却无法以经济学的常识来解读。

因此,在商品开发方面,现在已完全进入必须以顾客心理为基础进行经营的时代了。

店中的陈列法也是一样的。我们是不是常常一个不留神就把便宜的商品往前放了呢?但现在,这种做法基本上就是个错误。

1998 年横滨海湾之星(Bay Stars)棒球队获得冠军的时候,厂商连续举行了三天的冠军纪念特卖活动,平均销售额比前一年增加了180%。

活动结束后,照理说顾客已经连续抢购了三天,销售额应会大幅滑落,但是事实上,活动结束后销售额滑落的幅度,平均只有 6%。

这种现象无法以经济学的知识做解释,但是顽固的经济学家就是认定特惠活动过后,商品一定卖不出去,他们实在是太不了解现实人们的心理了。

但是对经营这种事业的我们而言,拥有足以应对变化的对应能力是必要的,如果不能了解最近的顾客是因为何种动机而有此购物行为的话,就无法在业界继续生存下去。

◎ 不能依赖过去的经验

我在伊藤荣堂总公司的时候,曾有段时间每天和干部们一起吃午餐。我们从七八份菜单中,选择外卖的食品搭配,有寿司、多层式便当等等。刚开始的时候,由于每一家店所推出的外卖都有一定的水准,所以大家都吃得眉开眼笑,非常满意,但是五六个月过后,就逐渐开始厌烦。许多人因此找借口不再出席餐会。

虽然我们可选择的外卖种类非常多,但就是不及家庭料理的花样多姿多彩,结果这种餐会就在大家厌烦之后,不得不写下休止符。

这种事实说明,不管什么东西,虽然刚开始吃时觉得美味可口,但是连续吃必会厌烦。即使是一流的高级佳肴连续吃几天也一定会看到就怕,此时就宁可回家吃泡面了。

每到夏季,便利商店都会销售中华凉面、荞麦面等,以提升营业额。天气闷热、没有食欲、体力不佳,一般人的确都会想吃这些比较爽口的东西,但是每天吃,还是会腻的。

因此，身为卖方，就必须懂得追随消费者的心理需要，替换不一样的商品。

但是我们却常常忘了要瞄准消费者的心理做功课，只想到协作单位天冷了卖关东煮、天热了卖凉面，所以如果店家只把荞麦面当作是夏季的特定商品，那就大错特错了。正月新年时，各种荞麦面就卖得很好，冬季里，冰淇淋的销售成绩也非常亮眼，而且气温越低，含乳脂肪极高的冰淇淋越是受欢迎。

从这些实际的状况来看，我们就知道从前以季节思考进货的模式是错误的。因此即使是炎炎夏日，把泡面往前面的架子放，或许也可能会有亮丽的销售成绩。

因此我们要常常假设消费者现在需要什么并进行试验，我们称此一过程为假设和验证，换句话说，为唤起消费者沉睡的需求，从各种角度进行信息的收集是非常重要的。

但是如果夏天一到就坐在店中间销售中华凉面、荞麦面，这可不能称为假设和验证，因为这种做法并不含假设，只是照着过去的经验照葫芦画瓢而已。

在四季如夏的夏威夷有一家 7-ELEVEN

便利商店,每天平均可以卖出 60 个红豆包和肉包。

现在消费者的嗜好可以说是变幻莫测,所以我们一定要以最积极的态度,向消费者兜售商品。如果我们能够不受过去经验的限制,做更周全假设,为消费者准备更齐全、更有价值诉求力的商品,营业额比现在好上三四成,是理所当然的。

◎ 仔细假设与验证

2002 年的夏天,进入 6 月下旬之后,气温开始升高,酷热难耐。而 2003 年,梅雨一直下到 7 月下旬,天气一片湿冷,但是放晴之后,气候急速变热。同样是夏天,因为气候条件的改变,我们就不能只卖和前一个年度相同的商品。

2002 年从 7 月上旬到 8 月中旬这段时间,只有饭团和菜肴的便当等口味比较清淡的食品非常受欢迎,但是 2003 年的同一时期,烤牛肉等份量比较多的便当则卖得非常好。这是因为炎夏来得较晚,大家的体力都还很旺盛的关系。

受季节影响的商品,不是只有便当,连泡面也有显著的不同。所以我们要常常把这些足以影响商品销售成绩的条件放在脑海里,持续观察便当、饭团等速食调理商品或冰淇淋、关东煮等单品的动向,进行假设及验证。

例如冰淇淋,在炎热的 2002 年夏天,冰果类的冰品大受欢迎。我们就可以根据这个经验,假设如果 2004 年的夏天,也和 2003 年一样,在尚未发生夏季症候群(例如花粉症、只限于夏天才有的慢性疲劳等)时,验证含乳脂肪较多的冰淇淋是不是会卖得比较好。

清凉饮料的情况也是如此,随着气温热度的高涨,畅销饮料的排行榜也会逐渐从果汁、碳酸饮料转移到茶类商品上。

因此,如果我们不能持续细腻地以人类的心理做假设,并根据正确的资料进行验证的话,就无法判断下一步该怎么走。

总之,天气、气温甚至每个人的夏季症候群都会影响各类商品的销售情形。如果我们无法掌握此一时、彼一时顾客所青睐的商品,也就无法提供消费者有魅力而且齐全的商品。

本来,我们应该先看看四周环境再下订

单，然后再验证销售成绩。但是事实上，大多数的情形都是先看销售成绩，再判断环境，然后再把业绩不佳的原因归咎于天气不佳，顾客懒得出门等等，让环境成了营业额欲振乏力的代罪羔羊。

因此逞一时之快，以借口断吉凶，是无法让营业额增长的。

◎ 以肌肤去感受

因为下雨所以营业额大幅滑落？有这种想法的人实在过于武断了。

例如，一直都是晴天的时候，突然下起了雨，销售额的确会急速滑落，但是在连下了两天的雨，顾客不方便购物的情形下，到了第三天，不管雨下得多大，销售情形还是会转好的，这就是消费者的心理。

顾客的心是不会被气象资料所左右的，所以经营便利商店绝不能单纯只以阴、雨、晴等气象状况做思考的依据。

只要做好假设和验证，就可以事先明白各类型的气候会持续到何时，及后续的应对策略，就因为有人从不进行假设和验证，才会单

零
售
圣
经

7-ELEVEN

纯地以晴天、雨天来判断商品销售的好与坏。

不仅气候，连湿度对销售的影响也很大。尤其是在季节转变期的时候，此一要素影响更巨。

温度低、湿度高，人会觉得闷热，在温度超过 30 度的三伏天，如果湿度很低，一般并不会觉得很热，建在背阴处的房子，甚至有阴凉的感觉。因此受欢迎商品会因气温和湿度的关系而有所改变。只要我们力行假设和验证，就可以拥有这份经验和资讯，反之，如果连这种一般性的假设和验证都不能落实的话，就不可能产生这种联想了。

经营便利店是一种以肌肤去感受的行业。例如，早春时候的 20 度，会让人觉得热，但是从夏天到秋天这段时间的 20 度，却令人觉得很凉快，在同样是 20 度的情形下，湿度是 40% 和湿度是 70% 的感受也完全不一样，当然受欢迎的商品也会随之而产生变化。对于上述情形，身为服务业从业人员都必须通盘理解。

一般的日本人不会像美国人，一上超级市场就买齐一整个星期所需的食物。

而且大多数的人都会认为放在店里冷藏

库的东西,比放在自家冰箱里的东西鲜度较佳。基于这种心理,消费者会强烈认为到店里买的东西比较新鲜。这不是强词夺理,因为这就是日本人的购物习惯。

就因为日本人对于食物的鲜度非常敏感,所以很少有人会囤积食物,把买回来的东西放在冰箱里进行保管。基于日本人的不囤积习性,我们就必须精准下单,以做到不缺货、不造成机会损失。

◎ 不要对天气不关心

尽一切努力将风险降到最低,是经营企业的基本认知之一。零售业是一种极为务实的行业,不像赌局,可以一把定输赢。尤其像最近,气候多变不稳定,为了将风险减到最小,就必须仔细确定基本对策。

而且必须以当天气候,顾客会想买何种商品之消费心理为思考对策的大前提。如果做不到这点,即使有心规避风险,往往也会陷入经营失衡的窘境中。

提到季节性商品,以烟火为例,下雨的日子就算有心促销,也会卖不出去,因此突然下起大雨的时候,我们还是必须收起烟火,优先把雨伞放在店头。

但是像这种显而易见、想当然的事情,事实上执行的情形如何?答案真是叫人大失所望,因为竟然大多数的人都做不到。为什么会有这么多便利商店的经营者会对这种事漠不关心,这究竟是怎么一回事?

每天早上,我都会看看天气,预测当天的最高气温和最低气温。我这么做的目的,不是为了店中当天的生意,而是要明白自己的感觉到底能感受到几成的温度。我想知道的不是今天有几度,所以很热,而是要训练自己只凭皮肤的感觉,对温度都有多少了解。

今天所感觉到的温度是这样,连续做两天,连续做三天,又是什么样的情形?

能够用肌肤去感受这些,对经营便利商店的人来说非常宝贵,因为如果能够配合身体感受的温度,迅速替换合宜的商品,就是减少机会损失的基本做法。

虽是夏天,可是我们所感受到的却是寒冷。这个时候,如果有顾客走进店里,迎面看到的就是暖烘烘的商品,会有什么反应?或者，顾客一走进店里，映入眼帘的是"有热乎乎的咖啡！"的海报，又会如何？就算这位顾客走进店里不是为了要喝咖啡，此时此刻也会有想喝的冲动了。

如果一家商店能够这么仔细应对顾客所需，必定是一家懂得站在消费者立场进货的店铺。

◎ 资讯的取得和活用

例如，我们只要听到路况报道说："高速道路××隧道附近阻塞了××公里"，就应该马上可以推测，"因为今天是假日，平日不出来的私家轿车都出来兜风，所以造成交通流量大增。"如果连这个都无法判断，就别提要做好信息收集了。

车子在行进中，我们只要听广播就可以收集资讯，所以从一则交通信息，我们马上就可以假设什么样的人会采取行动了。同样的道理，店中的任何动向都以让我们思考对策，并针对订货相关事宜进行假设。

如果能够更进一步将各交通台所提供的信息做一统计的话，一旦某个地方有交通阻塞

零售圣经 7-ELEVEN

的情形发生时,我们应该马上就能知道后续会是什么样的情形。

问题是,我们平常对这种事情到底关不关心。如果我们平常就很关心这种事,只要听到哪里塞车了,大概要塞多久,就非常清楚哪个单位要出动处理了。总之,自己的感觉是可以靠后天培养、训练的。

然后,我们把这种感觉活用到订货等日常工作上,这种训练就开始产生意义了。

媒体常会预报海水浴场的顾客是多是少,山路顺不顺畅等等和交通相关的信息,这种预报也会影响人们的心理。

因为当人们接收到这类的信息时,马上就会产生回避的预设心理,结果这些人的行动,就会让我们最初的想法偏离轨道。

以东京为例,当气象播报员预报冬季的第一场雪即将到来时,一般人就会推测明天的道路一定是空荡荡的,而这种预测的精确度高达八成。所以即使不是便利商店的经营者,也都可以拥有如此高精准的预测能力。

如果我们因为气象预报,就终止活动,是毫无意义的。所以我们一定要往前迈出一步。

例如东京虽然下雪,但是出现积雪的情形,一年顶多两次到三次,为了谨慎起见,下雪的时候大部分的人可能选择不开车,可是当积雪次数多达四五次时,人们即习以为常,开始为车子装链子、换防滑轮胎等等;换句话说,即使下雪,开车出门的人也越来越多了。

因此,一年只下两次雪的假设,反倒会引起错误的判断。

具体而言,采用旧八股似的应对方式,是无法让店铺产生利润的。

◎ 换季时间往前移

现在,一般产品的换季时间,都有越来越往前移的趋势。

以服装为例,秋天的衣服从七月就开始发动攻势,这种是过去卖方市场时代所无法想像的。

冬天服饰的大拍卖活动,以前是在三月春天刚报到的时候进行,后来变成二月下旬、二月中旬、一月下旬、一月上旬,最近更是新年一过就起跑。动作更快的厂商,更是从年终岁末就进入跳楼大特卖了。

如果以便利商店所销售的冰淇淋为例，以前冰淇淋是夏季商品，现在则是一年四季皆可卖。

不过也不是任何商品都适合将换季的时间往前移。虽然说天气冷飕飕的时候，也可以卖中华凉面，可是成绩就是不如夏季。

以前便利商店都会很早就把春分豆陈列于店头。但是我终止了这种作法。因为春分前两个星期就让豆子上架，根本没有顾客购买。所以只要在春分的前三天，最快是一个星期前摆出来就行了。圣诞蛋糕也是一样，提前十天或一个星期亮相，根本卖不出去。

因此一般性的商品及有季节性的商品必须做明确的划分，因为以千篇一律的方式来处理任何商品，是错误的做法。

便利商店中所销售的很多商品，必须在这一季就想到下一季该怎么卖。事实上，只要我们确认商品的动向资料，就可以知道去年某季的畅销商品和今年某季的人气商品是不一样的。明白这一点之后，我们当然就必须引进足以应对变化的商品，并将它们一一上架。

总之，掌握消费者的价值诉求是非常重要

的,我们要让消费者一进门就看到新鲜货,一进门就发现符合他们需求的东西。

◎ 夏天卖关东煮

从消费者立场来看的价值和以卖方立场看到的价值,有时候未必是一致的,所以当我们导入新的商品或者是让季节性的商品上架时,就必须尽量对消费者进行宣传,让消费者认识新商品的价值。

以食品为例,我希望经营者都能够尽可能地进行试吃,亲口试吃之后,才能够把食品的美味告诉消费者,然后对消费者积极进行促销。

只要消费者愿意购买,就是让消费者认识商品价值的大好机会。从这个角度去思考,就明白店员的待客之道是何等重要了。

从前的人强烈地认为:"便利商店就是一种自助式的销售",现在还是有人这么想,但是我认为这种根深蒂固的概念应该去除。

现在,不是光把商品陈列上架,顾客就会去购买。所以我们必须跟顾客打招呼,进一步诱惑顾客试吃,再积极宣传商品的价值,最后让顾客掏腰包买下东西,才能增加销售额。尤其是导入一项新的商品的时候,更需要这么做。

炎炎盛夏,冰淇淋、清凉饮料等商品,就算完全不理会也一样卖得好得不得了,如果整年都能如此,我们该有多轻松愉快。但是事实告诉我们,遇上冷夏时,这些清凉饮料光搁在冰柜里是卖不动的。

因此,我们不但要在适当的架面陈列符合消费者生理需求的商品,也必须对销售方法投下各种心力。有好的商品,而不向顾客介绍,或者是在陈列场所、销售时机多费些巧思,是无法让消费者对好商品产生共识的。总之,作为卖方一定要为消费者制造购买的机会。

尤其是在季节交替的时候,我们常会疏忽引导消费者发现新进的商品。因此,必须要努力应用各种手段,有效利用卖场,例如大面积陈列该商品、张贴海报广告等等,借以吸引消费者对商品的注意。

7-ELEVEN 第一次在夏天卖关东煮,是在1984 年。夏天不适合卖像关东煮之类的热熟食,这是经营便利商店的基本常识。但是夏天里也有让皮肤觉得冷飕飕的时候,这个时候推出这类的商品,消费者自然能接受,从此关东煮为 7-ELEVEN 带来了另外一种商机。因此要诱惑顾客发现"吃了它,会很暖和!"是非常重要的。

◎ 配合季节选货

以东京为例,一年之中的四月,是气温、天气变化最明显的时期。但是从暖和的日子逐渐增加开始,我们就必须开始提供春夏型的商品,而且只在尚有寒意的早晨,以海报提醒消费者店中提供热咖啡等服务,稍做补充即可。

但是许多便利商店到了必须提供春夏型商品的四月,消费者在架上看到的仍是冬春型的商品,这些商店多半都是天气真正很热的时候,才开始增加清凉饮料等商品的进货量,但是这种想法是错误的。

事实上,从四月才开始提供春夏型的商品都已经太迟了,从一月起就应该这么做,而且进入黄金假期(一般都是从 3 月 10 日左右开始)之后,所有的夏季商品必须悉数出炉,这是基本原则。如果我们对季节毫不关心,肯定在店头上无法上演鲜明的换季好戏。遗憾的是，真的有太多的店一路在屁股后面追追追，就是甩不掉过去的包袱。

就算消费者的心理，觉得现在的气温只比冬天稍稍暖和一点点而已，但是只要店铺里气氛一片春意，他们还是能够感觉到"啊！换季了!"的新鲜感。

所以当季节改变时，所有的商品也要蜕变得更有活力。

不过在演出换季戏码时，必须先仔细衡量何种商品在现在的气候会受欢迎？什么样的商品的销售会跌到底线？然后才反应到全部商品中。

◎ 打破过度自信才能成长

营业额越是不起色，我们就越要强调季节感。

服饰类商品，本身的季节感非常强，但是便利商店所经营的商品中，大多数都没有什么季节色彩。因此，我们就得绞尽脑汁，让消费者感觉到商品换季了。

其中，最具代表性的就是关东煮、便当和

新茶等等,为了强调换季,陈列的位置就变得非常重要。

店员知道新商品在哪里的应该的,但是无法取得消费者的认同,做任何努力都是没有意义的。因为无法让消费者多看新商品一眼,新商品就卖不出去。

因为店员人手不足,所以导入新商品的速度非常缓慢,这是纯粹站在卖方立场所实行的做法。不论在任何时候,我们所卖的全都是一个单价不过十元或数百元的东西。因此必须事事仔细,随时都做好单品管理,以减少机会损失。

废弃和机会损失是画上等号的,一家便利商店之所以会流失销售机会进而造成废弃率居高不下,最大的原因就是没有做好单品管理。如果再深入研究,就是没有站在消费者的立场进行思考。

我常说不能囿于过去的经验,其实和必须站在消费者立场看一家店的意思是相同的。简单地说就是,我们必须客观看一家店。

因此,我们不能任性地以卖方的角度进行决策,更忌讳无意识地过度自信。唯有自行突

零售圣经
7-ELEVEN

破创造性和过度的自信才能够成长。

如果经营者能够意识到这一点，并以这种认知经营自己的便利商店，即能洞悉店中大大小小的问题，并了解什么该变，什么不该变。

◎ 商品结构与上架面积

我在伊藤荣堂的营业干部会议中，下达指示要更换新的商品的时候，有人提出如下的论调。

您指示："让这种商品下架，并且扩大另外一种商品的陈列面积。"卖场的负责人会唱反调，认为"少了这种商品，消费者一定会觉得不方便。"

我举个例子做说明：假设在男士西服的卖场中，有一种牌子的西装，每周仅能出一套，我就建议他们不要再卖这种牌子的西装，但是他们会说"少了那种商品，有顾客会觉得不方便。"

其实如果他们真的做好了单品管理，这种话就不应该脱口而出了。

现在消费者的购买欲普遍都很低，所以扩大某些商品的陈列面积，例如扩大对消费者而言是有价值,并且又是我们希望能够引起消费者注意的商品的陈列面积,这一点是非常重要的。

在这种情况下,势必就得让某些不受欢迎的商品下架了。

因为不论是百货公司、超市、餐厅、便利商店,上述这种做法绝对是经营上的必要条件。

从前,我们无需思考商品结构的问题,只要换换架面上的日用商品,或者是重新粉刷墙壁,营业额就可以成长。但是现今这个时代,如果店家仍以为这么做就可以对弈时代的变化,让业绩回春,是绝对不可能的。

现在,企图以整修门面来刺激营业额,几乎都收不到成效了。

因此维护店铺的清洁,才是最重要的,如果疏忽懈怠,营业额一定会滑落。想要提升业绩,必须改变商品的结构、卖场的结构,以符合消费者的需求。如果不这么做,想在经济不景气中求业绩成长,犹如缘木求鱼。

◎ 错误地改装危机重重

在经济高度成长的时代里,是消费者自己

解开腰包,上门来购买,但是现在,如果不主动出击,顾客就不会上门。

而且就算是买同样一种商品,希望能够到感觉好一点的店去购买的消费意识也越来越强。当然,价格也是一大要素,不过能够买到好的商品也占了相当重的分量。

所以提供消费者亲切的服务和清洁的购物环境是理所当然的,如果一家店铺少了这层要素,消费者是不会上门的。

商品、陈列架上一层灰,脚踏垫、地板脏兮兮,收银台乱七八糟,店员制服黑漆漆,就算没出什么大乱子就已经事态严重了。在这种情形下,商品绝对不可能卖得好。

一般零售业为了刺激消费者,会整修内部重新装潢,但是此时必须留意,千万不可本末倒置。

另外,将商品重新包装,也是一种非常醒目的做法,但是如果只求商品的外观光鲜亮丽,或者是让陈列架抢了商品的风采,反而会做死商品,辜负了原本销售商品的本意。不幸的是,我经常看到类似这种本末倒置的做法。

为什么会有这种现象呢?

最主要的原因是,店铺的设计者在设计陈列架或制作店面平面设计图时,是在不了解商品及销售实务的情况下进行的,所以就算店内装潢得闪闪发光,商品也重新包装了,仍然无助于业绩的成长。

因此,当店铺要重新整修、布置时,一定要站在消费者的立场,考虑商品陈列位置、店内的布线等等,以勾起消费者的购买欲望,并方便消费者进行选购。

以前,伊藤荣堂曾有一次失败的经验,伊藤荣堂和美国某家专业的设计公司签订了合同,付了大笔的钱,采用他们的观点,将藤泽店的外观、内部装潢、陈列架等等,全都汰旧换新。但是,营业额却一点都没有起色。最奇怪的是,店铺的外观和店内的设计,感觉上是拼凑起来的。这就是将内外设计、陈列架、商品等,以切割的方式进行设计思考,所带来的结果。

重新整修内部时,经营者要考虑的绝不是店铺的平面设计,而是我们到底在卖什么?客户空间为何?而后才检讨应该如何进行平面设计,如何整修店铺的外观与内部。但是伊藤荣堂却疏忽了这个基本原则。换句话说，伊藤荣堂为藤泽店进行改装时，忘记了自己是做什么的，为谁服务的。

　　7-ELEVEN 并不同于一般的食品店或杂货店，所以一定要弄清楚自己到底在卖什么样的商品，到底以什么顾客为销售对象，换言之，要经营便利商店、确立便利商店的特性并贯彻到底是非常重要的。竞争越是激烈，确定业种的特性就越重要。

　　例如，对便利商店来说，速食调理商品是种非常重要的商品，所以这类的商品一定要齐全。如果想让速食调理商品看起来更美味，清洁当然也就成了不可缺少的必然要素。

　　像这类的事情，一定要针对一件件的商品仔细思量。

◎ 以顾客的立场做商品标志

　　曾经有人要我试吃四种火锅食品，当时我把该商品拿回家后，尚未试吃就完全失望了，因为商品的标注内容根本没有站在消费者的立场为消费者着想。

　　该商品标志了制造日期，也提醒消费者要

冷藏,但是却没有明示保存期限。如果是生鲜食品绝对要标明可使用日期。此一疏忽后来修正了,但是我又发现该商品没有说明调理方法。

如果购买此一商品的顾客是平日不曾开火的单身汉,一定会非常迷惑到底该怎么烹调食用。以日本关东煮为例,到底是该加冷水还是热水,抑或是开封即食,食品上面都没有说明。

如果卖的人认为"这种事这么简单还不会!"这就是销售者任性,而且过度自信。事实上那个时候,我就是因为不知道调理方法,而在试吃的时候相当困惑。因为商品上面完全没有写该加多少冷热水,后来我决定加入少许冷水试吃,结果因味道过浓而难以下咽。

会购买这类速食调理食品的消费者,绝大部分应该都是像我这种不曾下过厨房又不懂烹饪的人,如果卖方能够先一步为我们这种消费者着想,就知道我们在意的并不仅是食品的味道了。

所以对这些客户而言,什么才是亲切的服务?这是值得好好思考的问题。如果未明确表示正确的调理方法,此种商品就有可能变得难以入口,或者因加入的水过多而变得过稀无法食用。如果消费者不能得到正确的调理方法而享受到商品的美味,保证下回再也不会购买了。如此一来势必引起销售萎缩、业绩恶化的连锁反应。

　　至于标志调理法是否会对定价和成本造成影响,我们在开发该商品阶段就必须仔细考虑。

　　我试吃过无数商品,虽然不是所有商品都可口好吃,但是我希望在所有商品上都能看到合适的调理说明、简单的开封方法等等。

　　以糖果为例,如果我们刻意多放几天,就会发现糖果变软,令人不知该如何是好,尤其是放久了会粘在包装纸上的糖果更是叫人一筹莫展。

　　常光临便利店的人,很多都是单身汉、单身女郎或者是小夫妻,这些人极有可能无法将购买的商品一次消耗,所以常会将商品开封后存放若干天,因此我们也必须先行一步想到这个时候的商品该如何处理,尤其处理一些速食调理食品时,如果疏忽了这一点将难以拥有忠诚的顾客。

◎ 何谓合理的价格

我一直倡导,即使是小小的便利商店,也必须考虑到公平的价格(Fair Price)。所谓公平的价格,就是所标示的商品定价,是可以得到消费者认同的合理价格。

例如,某一商品的进价是 150 日元,但是其他每一家店都只卖 100 日元,虽然这个价钱已经接近我们的进价,但是在消费者的眼里,公平的就是 100 日元,所以认为单价卖到 180 日元并不贵的话,这就纯粹是卖方市场的论调了。因为以消费者的立场来看,他们根本就无法接受这个价格。

在过去卖方市场的时代,通常都是以累计成本的方式决定定价的,但是在现今的买方市场时代,不管进货的成本如何,如果此类定价无法获得消费者的认同,消费者不是会打开钱包的。如果不能把这种观念放在脑中咀嚼,我们的店铺一定门可罗雀。

换言之,在买方市场的时代里,便利商店成败的其中一个关键,就是如何构建一种即使

零售圣经
7-ELEVEN

定价低于进货价,都还是可以赚得利润的体制。所以现在经营便利商店,只会小学生的加减法是不够的。

如果商店的经营者没有公平价格的观念,便利店的商品在消费者心中势必留下样样都贵的负面形象。如此一来,即使便利商品能够带给消费者无穷的方便,消费者也会因为认知上的"贵"而和便利商店渐行渐远。

但是,如果认为只要合宜就是好,这也是错误的想法。

如果现在我们为了要提供公平价格的商品,而将所有的商品重新定价,消费者一定会认为这家店在打折扣促销。我一向都反对贱卖、减价大量出售的做法,因为商品震荡的价格所换来的,往往是低落的品质。

并不是说绝对不能打折,而是要明白,以价格掌握客户群的方法已经随着时代而改变了。现在全世界单品的单价都有向下滑落的趋势,所以我想表达的是,在这种情况下,如果以同样的价格继续经营便利商店,未来将会如何?

总之,站在消费者的立场,重新检讨商品

的价格是理所当然的。

在这种情形下，我们必须要面对的问题，就是以顾客立场来看，也就是公平价格。因此，我们最基本该做的就是安排有价值的商品进驻商店的店头，让消费者对价值产生共识，所以提供品质好、鲜度佳的商品是理所当然的。另外，不论任何时候，卖场绝不缺货也是非常重要的。

便利商店所卖的商品，以生活必需品为中心。不论是价格、商品的内容、商品的齐全度，如果我们能够时时将这些要素融入我们的生活，稍微想一想，马上就会恍然大悟何者重要、何者不重要。所以希望大家都能够以这种观点一一检视所有卖场。

◎ 是消费者在判定好坏

经营便利店必须积极引进新的商品，但是新商品是否是最好的，是否比旧商品好，却是我们无法保证的。

当然我们都是抱着一股热情，希望能够提供更好的商品给消费者，才会进行新商品的开发，但是判定新商品好坏的不是我们，而是消费者。

　　所以不能以半强迫的推销方式告诉上门的顾客说："这个新商品绝对比你们之前买的好，所以请买这个！"若是在服务人员强行推销后，消费者还是认定"以前的比较好"，场面岂不是很尴尬？

　　当然我们并非故意如此，但是结果往往变成了强迫推销，这是因为我们总是在无意识间站在自己的立场上思考问题。

　　因此虽然有新商品登场，我们也不能马上就减少畅销商品的订货量。只要我们诚心推销新商品，自然就会勾起消费者想要尝新的心理，这么做也不会让事前畅销商品的销售额突然大幅滑落。

　　但是还是有些顾客会在试用新商品两三次后，判断还是旧商品适合自己，而依然想购买旧商品。这时候如果旧商品缺货，就表示店中符合消费者需求的商品不够齐全，而且显示出我们并没有做好单品管理。

　　不过就算新的商品能够带动营业额的成长，世上也没有永远的畅销品，更何况现在消费者价值观呈现越来越大的多样性，而且市场变化快如闪电,任何商品都讲究物以稀为贵。总之,无论如何我们还是要假设会有消费者回头钟情于旧商品,所以我们必须根据这个假设来决定是否要增加新商品的订货量。

◎ 哪种配合厂商该开除

我们这一代都是从物质缺乏的年代走过来的,所以对孩提时代好吃的东西总是记忆犹新。但是现在却常有吃完之后,只感到沮丧失落的经验。

这是因为当年,可供比较的商品少之又少,所以什么都觉得好吃,但是现在各种新商品不断出现,尝到比以前的东西好吃的机会实在是太多了。

到目前为止,7-ELEVEN 已经开发过数不清的商品,在当时我认为顶级好吃的东西也不胜枚举,但是除了我们之外,其他店铺也同样下工夫,为开发好商品而努力。所以如果我们只是维持原貌经营下去,消费者对我们的评价将会快速下跌,而且很快就会认定我们卖的东西不好吃了。

为了应付诸多变化,我们必须不断提升自

己品质。

　　以这个观点来看 7-ELEVEN，我必须很遗憾地说，我们所经营的商品尚赶不上消费者需求的变化，所以我们必须积极提出改善方案，变更商品的内容。

　　虽然我们朝着和厂商研发新商品的方向而努力，但是有的厂商就是奉行以不变应万变，不变就是改变，我们一定要排除这一类的合作厂商。因为如果不这么做，当消费者拿我们与其他店铺相比较时，我们的价值将一落千丈。

◎ 从指定分配到接单生产

　　现在的厂商都会大声强调市场行销的重要性，或者是呼吁要重视下游信息。但是事实上，能够言行一致的厂商似乎少之又少。

　　连锁便利商店业界的情况也一样。

　　许多厂商只为自己的意志着想，还硬把自己的方便强加给消费者，这种做法简直就是不顾消费者的利益，并漠视消费者的立场。我把这种现象称为"指定分配（allocation）"。

　　所谓"指定分配"就是指单方面分派、强行

分配、发送的意思。最典型的例子，就是书籍的出版业者及其发行者。因为出版公司只按自己的意思出版发行，经销商也只负责将制作完成的书送到书店，虽然说书店可以退书，但是被安排分发到各书店的出版品种类和数量仍是大得惊人。

日本现在市面上以"周刊"名义发行的杂志就多达数百种，因此一间五坪大、十坪大的店面，根本容不下它们。但是现在连小小的商店都可以销售书籍，不论商店多么小，消费者在里面至少都可以看得到 25 种出版物，而这些出版物中绝对不乏畅销书籍。

单以杂志来说，现在杂志的出版数量是从前的无数倍，内容也五花八门，但是从出版业界的现有出版到经销体制、书店经营都和从前没有什么两样。可以说现在出版市场已经完全不同于从前，但是今日的出版业仍然沿用着过去的通路。

过去，和其他的商品相比较，出版业的流通的确比较进步，但是现在却相当退步且落后了。

这些出版社出版过无数关于市场行销的

书籍,但是在现实中,经营这些书籍的人,却根本没有想过市场销售。

除了以现在最典型的出版业及书籍销售业为例,其实其他业界的情形也极为类似。大学里的教授、公司中的经营顾问,讲起市场销售便头头是道,事实上却未必能让理论和实践连成一气。

我个人认为市场营销一点都不复杂,只是动脑筋想一想每一位消费者现在要什么,以及我们该如何满足他们。

从这个观点来看市场营销,就知道商品的制造者、货品的提供者,不能凭自己的意志把商品送出去,换句话说,我们必须排除厂商的"指定分配"。

流通业者必须找出消费者真正想要的东西,换言之,流通业者所采购的货品,都是自己站在消费者立场时所希望得到的东西。因此,不论是商品的品质、数量、价格各方面,流通业者都应站在买方市场的角度进行调整、调度,并且善尽供货之责。

所以现在流通业最理想的做法就是将这种精神具体化、系统化,并付诸行动,其中居于重要地位的就是各制造厂商也必须将一贯的指定分配改成关心订单后才生产的生产体制。

从前的厂商配货系统（maker-allocation-system）就是把厂商制造好的东西批给批发商，批发商卖给零售商，零售商再卖给消费者，这是一种单行道的流通方法。但是这种方法，在现在，已经行不通了，今后我们必须开发与这种方式正好方向相反的系统。

也就是说，零售业者知道消费者想要什么之后再拟好计划交给制造商进行生产，我认为这才是新市场营销该有的状态。

◎ 方便顾客就是对的

7-ELEVEN 创业当年，只有十五家店面。为了迎接新年的到来，商品部的负责人向供货厂商请求能否在一月一二日进货，因为 7-ELEVEN 在一月的一二日仍然开店服务顾客。

当时，不论是伊藤荣堂的工作人员、公司外部的人，都对我们这种做法嗤之以鼻，视为笑柄，认为"简直是废话，这是不懂做生意的人才会想出的馊主意"。

由于这种做法是逆潮流而行的，所以不论

我们怎么请求,甚至我们所有的工作人员都低头恳求,仍然无法获得供货厂商的首肯。

如果当年那些供货厂商知道 7-ELEVEN 的店面会增加到今天这种规模,就应该不会把我们的解释当成耳旁风了。总之,我们就是有当时的市场认知,站在顾客的这一面,希望为顾客解决问题,7-ELEVEN 才有今天的成绩。

是否能够不囿于过去的常识,并以正向的心态看事情是非常重要的。我们当时就是站在消费者的立场,想到消费者的方便,才发现有必要在一月过年的时候继续开店卖东西。但是能够开店却不能进货,就无法提供齐全的商品服务。

过年期间,几乎所有制造厂商、业者等都会放年假,所以我们根本无法在年假期间进货。因此有人就建议,在公司内部搭棚子,事先囤积商品,然后自己送货到各店铺。

当时只有 15 家店铺,所以这种方法确实是可行的,但是我却反对,我说:"这一次,或许我们撑得过去,但是当我们拥有 1000 家店、2000 家店时,我们还做得到吗?"

所以我们还是决定继续奔走,希望能够说

服业者供货。

当然一开始的时候，还是没有人理会我们。但是我们仍然苦口婆心告诉业者，卖方市场的时代很快就会步入尾声，当买方市场时代来临的时候，他们为了生产及供货的方便，将许多不方便强行架构在消费者层面上的做法就行不通了，所以迟早我们都要更新现有的生产及配送系统。在我们的诚心努力之下，终于得到了供货业者在新年期间出货的谅解与承诺。

碰到这种情形，如果自己都搞不清楚这么做的目的到底是什么，或者是压根不明白符合消费者需求的本质是什么时，就更别说让供货业者了解我们的用心、体谅我们的做法了。因此如果自己偏离了从顾客立场看事情的本质，无论搬石砸脚多么大的架势都不管用。

反之，如果各行各业所提供的服务都能符合社会变动的方向、社会的需要、消费者的方便，那么当年的 7-ELEVEN，就算店数不多，规模不大，而且完全没有举足轻重的地位，还是会被大家所接受的。

因此，现在要经营便利商店，对于什么样

零售圣经
7-ELEVEN

的商品该怎么卖,什么样的消费者会抱着什么样的心理购买商品等等,都必须事先进行彻底的调查。能够理解买方的趋势动向,就自然而然有能力假设什么样的商品能够卖得好。

过去伊藤荣堂打算在盒蛋上面标上日期的时候,有人提出异议说:"在这么重视鲜度的商品上标上日期,如果卖剩下了怎么办?"

但是事实上在蛋上标上日期之后,不但销售成绩更出色,连废弃率也跟着降低了。

◎ 常存危机意识

诚如我经常说的,经商的人能否以客观的角度检视自己是非常重要的,如果我们是站在消费者的立场,那么这个商品为什么卖得好?那件商品为什么卖不好?应该都可以找到明确的答案。只是用嘴说很简单,在现实中,我们通常都会舍弃顾客的立场,而以自己的意志及主观意识去判断事情。

你我都是活生生的人,要完全站在消费者的立场客观进行检视,当然不像用嘴说那么容易,但是我还是希望大家努力想像自己是顾客却不想打开钱包买东西时的状况,然后再以当时的心情检视自己的店。

自己光顾的店,不就是那些商品齐全、价格合宜、商品新鲜、购物环境整洁、服务人员态度亲切的店吗?

经营便利商店,店铺数量的多寡并不重要,重要的是每一家的内容。

美国曾遇上大环境非常不景气的时候,却有好几家只拥有二三百家分店、规模并不算大的连锁便利商店,屹立不倒持续经营,但是零售业界的三大巨头 7-ELEVEN、Circle K、National Convenience-Store 却同时倒闭。

过去大恐龙无法应对激变的天南地北而减种的残酷历史,也在零售业界上演了。从这事情来看,无论是生物或是企业,其体积、规模越是庞大,的确越可以发威,但是当市场完全迈入买方市场时代的时候,企业的大规模不一定就是有利的。因为就算大企业能够以其强大的采购能力廉价进货,但是采购进来商品如果不是消费者想要的,还是卖不出去,不但如此,有时还会造成积压或不良库存的问题。

所以,我们随时都应该有危机意识,有的时候,能够站在消费者立场,向更佳的服务品

零售圣经
7-ELEVEN

质挑战的小型地区性连锁商店,反而比大规模的超市更强。

尤其是大企业里的员工,常常会有只有我一个人偶尔偷懒没关系的心态,当这种心态成为公司的风气后,我想这家公司很快就会体力不济而开始倒下了。

所以我们似乎有必要再次细细思量稳健的公司,该具备哪些条件。

现有商店今年的营业额,如果未达去年的100％,就表示今年的营业额不是和去年相同,就是低于去年。

发生这种情形,缺货是原因之一,如果我们不正视这个问题,未做到全面改善,当然就无法让机会损失彻底消失。

另外,就单品来看,日常性产品的废弃率未达 10％,就表示市场所呈现的供需平衡,其实是市场萎缩所造成的。在这种情形下,如果还认为废弃率只有百分之三四就是理想状态,根本是种荒谬的错误观念,这可是完全背叛消费者的行为。

有一次我试吃某一种品牌的便当时,便随口询问这种便当一天可以卖几个,得到的答案是每一家店平均卖八九个，一个单品每天卖不到十个，就表示这个商品没有价值，但是不少人不看单品的销售数量，只看所有便当的销售总数量，在这种情形下，就很容易产生错觉，误以为这种便当一天可以卖几十个。

所谓站在消费者的立场，就是当消费者上门来买东西的时候，架上陈列的都是消费者想要的商品，推说因为天气突然变了，所以来不及更换商品，或者为缺货找各种理由搪塞，全都只能证明经营者仍然沉湎于卖方市场的理论中。

零售圣经

7-ELEVEN

第 **3** 章
一切从相信开始

总公司的人有保证 7-ELEVEN 招牌的义务，各加盟店同样也有保证 7-ELEVEN 招牌的义务。虽然我这种说法或许会有点抽象，但是我所谓的招牌，指的就是商品政策和印象……

◎ 7-ELEVEN 的招牌

总公司的人有保证 7-ELEVEN 招牌的义务,各加盟店同样也有保证 7-ELEVEN 招牌的义务。虽然我这种说法或许会有点抽象,但是我所谓的招牌,指的就是商品政策(Merchandising)和印象(Image)。

具体而言,商品政策就是商品齐全程度。商品齐全大致是由三个要素所组成的,这三个要素分别是味道、鲜度和价格。

而印象即是店铺的整洁、亲切的服务态度。如果我们能够确实做好这两点,就可以提升 7-ELEVEN 的印象。

总之,能够塑造一个可以让顾客安心消费的印象(Image)和提供完备的商品政策(Merchandising),就可以吸引顾客不断上门来消费。

每个人都有上超市或逛百货公司的经验,若是有一次看到不新鲜的蔬果、不亲切的服务态度,应该就不会再去第二次了。

此外,如果你是这家店的老板,我想你也不会任由这家店就这么搞下去,因为挂着的是

7-ELEVEN招牌。因此对于有问题的加盟店，我们不会搁着不管。

对于各种问题，公司都会恰如其分进行处理，如果实在不行，只好解约。我们既然和各店签订了加盟权合同，总公司就一定要对各个店铺负起该有的责任。

如果让某家店得过且过，而造成 7-ELEV-EN 总体形象受损，对于其他店铺而言，总公司也等于违反了约定。所以如果这一类的店铺无法相互促进改善的话，就只有舍弃它们这一条选择了。

当店铺来谈加盟权的时候，总公司一定会将加盟连锁店必须遵守的各项规定向加盟店的老板详细说明。当然总公司本身应尽的职责，我们也绝不马虎。虽然处理加盟事宜的人是总公司的人，但是我们也不允许有人借用公司的力量，恃强凌弱，欺负加盟店。因为这种仗势欺人的做法，一定会破坏加盟店和总公司之间的依赖关系。

另外，对于商品交易商，我们所持的态度也是一样的。1982 年，当伊藤荣堂如火如荼地推动业务改革的时候，我们打出了绝不退货给交易商的方针。因为,我们希望能从交易商那儿进最好的商品,进而获得消费者的最好的评价,以保证我们自己的利润。我们不希望自己的问题影响到批发商或者是制造商,因为采购的是我们自己。如果把自己的无力束之高阁,并将责任转嫁到别人身上,无疑是破坏相互之间的依赖关系。

因此 7-ELEVEN 认为禁止将商品退给交易商是理所当然的,但是一般的零售业者,尤其是位于百货公司附近的零售商店,仍然视退货为理所当然的事,然而这种做法是无法提升业绩的。

总之,不论是加盟连锁店的加盟店和总公司之间的关系,或者是总公司和交易商之间的关系,都必须建立在彼此相互依赖之上,才能够共荣共存。因此,双方都必须恪守约定,尽自己该尽的责任。

◎ 卖掉的后果更恐怖?

我给了 7-ELEVEN 店铺经营指导员一种很特别的权限——那就是试吃商品的时候,如果觉得味道不好,可以当场让该商品下架,并撤出卖场。

　　当然味道的好坏评价会因人而异，所以我们不能说某个人的感觉绝对就是正确的。但是如果自己觉得味道不佳，而再多请几个人也同时进行试吃时，应该就可以掌握判断了吧！

　　由于这是我给的权限，所以即使判断是错误的，我也不会要他们负起责任。因为工作必须向前看。如果凡事都一一苛求，将无法办好正事。

　　对于商品的味道、品质，我一向要求甚严，因为这是 7-ELEVEN 的生命线，失去了生命线，做什么都枉然。

　　该对商品的味道及品质负起责任的，除了商品部的同仁之外，供货业者同样也有责任，供货业者必须提供最好的商品。如果供货业者在试吃自己所制造的商品，觉得味道不佳时，就不应该出货。把味道不佳的商品卖给客户，基本上就是一种卑劣的背叛行为，对于这类的事情，我们绝不妥协。

　　有一种面包，有一家店平均每天卖 7 个，但是我试吃的时候，觉得实在是难吃的无法下咽。一想到这么难吃的面包，一家店平均每天卖 7 个,我就毛骨悚然。

因为这家店等于平均每天背叛了 7 位顾客,而且这种情形还会让 7-ELEVEN 恶评越传越广。

于是我随即下达命令,次日起不许再让这个商品出货,并要相关部门着手进行研究。之后我自己再次试吃六七回,觉得可以接受了,才让该商品重新销售。该商品重回架面后,销售数量即呈倍数地增长。

由此可见,顾客对于味道是敏感的,只是有的时候,当我们觉得难吃的时候,商品还是会有卖出去的时候。碰到这种情形,有人就会以为这样不是很好吗?

其实把这类的商品卖出去,后果更恐怖。

历史越是悠久的老店,越是注重并珍惜信用,因为这些老店不背叛顾客,一直获得顾客的信赖,才能经营得这么长久,一家店能以老店姿态经营到现在,一定有其道理。

例如,有的老店因为忠于品质,每天坚持只生产一定数量,因为如果超出能力所及,品质就会变差。姑且不论制造出来的商品是否能够卖得出去,首先他们自己就会把这些品质稍逊的商品全数丢弃。舍弃眼前一点点的小利，换取顾客的拥戴，以经营而言，最后的结果是胜利。

供货业者提供高品质商品，我们则提供高品质的经营，要做到高品质的经营，就要坚定绝不妥协的合作方式。只要我们每天兢兢业业努力不懈，消费者对商店的忠诚度（Store-Loyally）及消费者对于同一品牌商品的重复购买率（Brand- Loyally）自然都会随之而提升。

买 7-ELEVEN 的商品绝对错不了！因为在 7-ELEVEN 买的关东煮比在其他地方购买，或自己家里做的都还美味可口！

◎ 高用量顾客的可贵与可怕

以前，通常一个顾客一个月只会买一两次便当，可是最近一个月买十次便当的固定顾客增加了。顾客反复购买次数提高，就表示他们对商品的味道将会越来越挑剔，所以商品绝不能合理化、永远一成不变。

就像前一章所说的，一样东西再好吃，每天都吃也会有吃腻的时候，所以得时常开发新的商品。

因为少一个固定的顾客，就等于一个月少卖十个便当，所以我们绝对不能掉以轻心。

反之，如果我们能够在味道、鲜度、价格上，更进一步适时提供符合消费者需求的商品，我们的高用量顾客（heavy user）一定会不断增加，营业额也会一片欣欣向荣。

总之，现在客户层发展的趋势是好坏两边站，中间客户群不见了。

对于客户来说，我们首先该有的认知是，在过去的时候，许多顾客和店家只有一面之缘，但是现在不一样了，所以我们应对的方法，当然也必须随之改变。就是基于这个事实，我们每年才会投下相当的金额，进行各种调查。

根据调查的结果，顾客在店中逗留的时间，以喜欢站着看杂志的高中生，停留在店中的时间最久，除了这一类型之外的其他顾客，停留在店中的时间都非常短，这就是一大变化。

我们的卖场、我们的销售方式，都必须随着时代的变化而改变。今后一个人的做事方法，就足以影响整体的业绩。

◎ 造假,不可原谅

我常说,"Bad News is Fast",这句话的意思是说,好消息可以慢慢来,但会对公司造成不良影响的事情,必须马上做出反应。

十几年前曾经发生过便当上标示的制造时间为"上午八点至九点",可是货在当天的早上七点就送到了店里,这个问题绝不是出在送货的时间上。

商品在制造前就被送进了店里,这个问题可一点都不好笑。因为所谓商品制造时间应该是标示在已制造完成的商品上,制造时间晚于货到时间,摆明此事不是不小心,而是故意造假,这种行为是不可原谅的。

但是这份报告却没有马上送到商品部负责人,也就是商品部经理那儿,这是一个非常严重的问题。

后来我是看了加盟商咨询部的报告后才知道这件事的,我马上指示中止和供货业者之间的交易。照理说,在我看到报告之前,负责该店的店铺经营指导员早就知道此事了,可是他却不向上报告。

而他所持的理由是,他希望向上级报告之前,能把整件事调查清楚。但是这个理由无法成立,因为发生火灾时,哪儿有先调查事发原因,再向消防局请求灭火的道理。

在这么糟糕的体制下,发生食物中毒事件也不足为奇,而且公司迟早会因此而衰败。

发生这种问题的主要原因有二:一是商品部对供货业者的教育不够完整;二是店铺经营指导员及区域经理对工作的自觉性不够。不论做任何事情,我们都要恪守既定的规则,如果认为规则有误,就应该提案求变。因为我们所制定的方针,如果本身就夸大、不实际,令人无法遵守的话,那么制定和没有制定就是一样的。不,应该说,在这种情况下,制定了却不遵守,罪加一等。因此,能否彻底遵守规则,是每一位员工本身自觉的问题。

以食品为例,7-ELEVEN所销售的就是味道和鲜度。

例如,我们规定牛奶的保鲜期限只有两天,事实上以现在的制造业技术,牛奶在常温之下放一个星期都没有问题,而我们之所以仍将保鲜期限限定在两天之内,为的就是要卖鲜度。我们要向消费者表示，我们非常重视商品的新鲜，我们也因此而得消费者的信任。

但是，随着工作内容变得陈腐程式化之后，许多人就不再重视这些事情了，轻视的结果往往就将公司推向毁灭的边缘，某家大型乳制业企业的例子就是最好的证明。

◎ 商品的鲜度绝不妥协

这是伊藤雅俊名誉会长在担任社长期间，每周日巡视伊藤荣堂的店时所发生的事。伊藤会长说，他是事前看了数字之后才去巡店的，结果发现生意不好的店所卖的商品真就是不好。

也就是说营业额不佳的店，所卖的大都是旧货，反之，生意兴隆的店则卖新货，让好的商品在架上排排放。万一自己的店真的碰到这种情形时，一定要向区域经理反应，否则生意不好的店将永远无法翻身。

面对这类的案子时，我们一定会和这家生意不佳的店进行协商，讨论如何销售旧商品，或者替换畅销的商品等等。

因此，对于业绩好的店、业绩灰头土面的

店所卖的商品内容,我们都必须一一仔细检查。商品不是上了架就一定能卖出去,所以对于什么能卖、什么不能卖、怎么卖、又为什么而卖等问题,我们都要透彻了解,然后将不见活路的商品撤架,踢出卖场。如果不这么做,卖场内就没有新的空间可以容纳新的商品。

对于商品的鲜度,绝对不能妥协,因为进入人体内的食物,处理不当是会要人命的。所以每个人对于这份事关重大的工作都要有一份强烈的自觉,相信只要认真思考过这个问题,应该就没有一个人会对食品的鲜度轻易妥协。

如果对食品的味道、鲜度抢救无效,一副马马虎虎的态度,却又猛烈地投入资金做宣传,就算能够提高收益,也不具有任何意义。

当食品的鲜度发生问题时,千万不要受组织内部的人际关系所左右。如果因为觉得不好意思面对商品部,而未向上级反应的话,将会让小小的问题雪上加霜,坠入更大的深渊,甚至会把其他职员或者是所有的加盟店关系人全都拖下水。

虽然我是会长,但是公司并不是因为我而

成立的，当然也不是为 7-ELEVEN 的员工而成立的，如果真的要说 7-ELEVEN 是为谁而存在的，答案是消费者。这句话是实话，绝对不是漂亮的说辞而已。

只有彻底执行这种理念，从事这门行业的每个人才能获得相对的报酬，所以各相关的优先顺序绝对不能弄错。

在"公司"这个组织，经常会听到有人说"我的面子怎么办？""这样的话我岂不是颜面无光？"但是只要是为了顾客，让一两张上司的脸扭曲变形都没有关系，只要事情是对的，就没有职位高下之分。

店铺的营业额下滑，就表示消费者对 7-ELEVEN 的依赖程度已是跌停板，消费者的依赖之所以会跌停下来，一定是因为我们没有做好该遵守的基本原则。

这句话的意思是说，对于分内的工作，我们绝不能妥协，必须用最严厉的眼光随时检视。

◎ 消费者对商品的惠顾性

由得对店铺的信任感、亲切感、满意度、期

99

待感等这累积于日常认识所形成的店铺印象，我们称之为消费者对商店的惠顾性（Store-Loyalty）或忠诚度。就因为消费者对商店的惠顾性有优劣之分，所以同样一种商品，在各店所呈现的销售成绩是不相同的。

除了整齐清洁、态度亲切之外，如果这家店有其他店所没有的商品，或者同一种类的食品，味道却更胜一筹、更新鲜时，都会让消费者觉得这家店有魅力。所以并不是一年到头摆着同样的商品，就可以提升消费者对商品的惠顾性。

例如，台风造成停电，大家都需要蜡烛时，其他店没有货，只有 7-ELEVEN 有，抑或朋友发生不幸，临时需要奠祀袋，也是其他店没有，只有 7-ELEVEN 有时，自然就能让消费者留下深刻的印象。这个时候，就可以感觉到消费者对商品有惠顾性了。

然而，我们的想法却往往都和顾客背道而驰。例如，附近的商品缺货时，我们会认为自己的店也缺货是情有可原，而无所谓的。但是从顾客的立场来看，他们会认为"搞什么！7-ELEVEN 和其他的店也一个样嘛！"如此一来，就无法提升消费者对商店的惠顾性了。不管其他的店有没有货，只要是符合顾客需求的商品，我们都应该要一应俱全。

对于这个问题，我希望大家能够更进一步假设，如果 7-ELEVEN 没有货，但是其他的店有时，顾客会有什么反应？

"对不起，没有货了！"如果门市人员丢下这一句话，就让顾客回去了，我们之前辛辛苦苦所建立起的依赖关系也将随着顾客的离去而化为轻烟。

这个时候，如果门市人员说的是"我想您去某某街的店，应该会有喔！"顾客马上感受到了"亲切"，这就是站在消费者立场替消费者着想。这句话也无形中将缺货所带来的损失减低到了最小。

但是大部分人的心态模式却是，不告诉顾客其他店有货，让其他的店也争取不到顾客，所以才会一句"对不起，没有货了！"就了结了一桩买卖。说穿了，这就是一种卖方极为狂傲、任性的自我判断。

总之，凡事都站在消费者的立场着想，是经商的基本原则。

◎ 顾客跑掉的原因

左右消费者对便利商店惠顾性的最大因素,就是日用商品,所以必须把日用商品视为一根顶梁柱。

有些店铺在周围出现竞争商店之后,业绩就跌得四脚朝天,这就是日用商品太弱的最好证明,换言之,这家店没有谨慎做好单品管理。

当然,这句话并不是说,只要顾好单品,其他商品就可以草率处理了,但是如果真的少了日用商品,消费者对商店的惠顾性就真的荡然无存了,因为日用商品的购买频率高,销售额更占了总营业额的 40％以上。

既然称之为日用商品,就表示对顾客而言,这些全都是迫切想要的商品,如果有一次缺货的情形,我想顾客就不会问第二次了。如果周围另外还有竞争的店铺,顾客一定马上转头投怀送抱,所以日用商品的管理是非常重要的。

尤其当消费力越是低迷的时候,确保消费者的惠顾性就越重要,因此,7-ELEVEN 最重要的商品就是日用商品。

零售圣经

7-ELEVEN

　　由于日用商品是主力商品,所以不论是对商品的开发,或者是销售的方法,我们常常都会认为自己比别人优秀,其实这种优越感是一种昏沉,更是一种骄傲自大。

　　在竞争对手不多的时代,由于比别人早一步进入这个领域,所以成绩或许比较显著,但是现在和其他公司比起来,我们并没有格外的进步。

　　如果我们仍然一味陶醉在过去,认为自己就是比别人优秀的话,即使公司的系统再完备,我们也永远都做不好单品管理。

　　消费者会投入新竞争对手的怀抱,其实也不是一触即发的,而是在新的竞争对手存在之前就蠢蠢欲动了。只不过当时顾客无所选择,只好暂时忍耐罢了。

◎ 对顾客的抱怨心存感激

　　有一段时间,顾客抱怨门市服务人员的态度不佳的案子非常多,顾客会一状告到总公司,我认为这是一桩非常严重的事。一般人在便利商店买东西受了气,除非真的到了忍无可忍的地步,否则是不会轻易打电话到总公司的。

接到顾客抱怨的申诉时,我们真是非常感激,因为他们没有默默纵容那家店继续伤害别的顾客。提供亲切的服务是我们的基本原则,我们绝不允许这类的事件继续增加,所以我们将之视为重大问题认真受理。

另外,各地区的负责人对于各加盟店的老板、各合作伙伴也都必须多加留意。为了让消费者满意,有的时候必须对加盟店的老板等相关人员疾言厉色。我们要让加盟店的老板明白,只有他确实执行,我们才能满足他的需求,这是非常重要的一项工作。

不敢批评加盟店的老板,只求做个和颜悦色的乖宝宝的人,不能说对自己的工作尽到了该尽的责任。

我一直强调"舍弃过去",因为昔日安逸的做事态度已经过去了,现在消费者都以最严厉的眼光检视着我们的工作。

消费者的满意与否就是左右我们业绩最关键的所在。

◎ 季节交替与卖方任性

当我说:"这个商品卖到某日,就要换上新商品"时,该店就该有旧商品要尽早卖完的心理准备。

但是并不是越快越好。用强力推销的方式把东西三下两下子都卖光了,对往后有需要的顾客而言,这家店就会给顾客留下商品不齐全的印象,从而损失信用。

无视消费者需要的方便,只求自己的方便,就会发生上述状况。因为就是有人把旧货卖光,新货未到之前的缺货视为无可奈何而不当一回事。对于失去信用这回事,更别说会有所警觉了。

这就是卖方时代任性理论的延伸,只是这么做的结果,不但不能给买方市场带来加分效用,甚至还可能因此而失分。

总之,在一两个星期前或提前数天,先行预告要进新商品,并提醒尽早卖掉旧商品的老式做法,已经不适用于今日的买方市场模式了。

例如,将夏天商品的库存全部卖光,全都

改进秋冬的商品时,站在消费者的角度来看,他们只看到了卖方的任性。

又如,消费者不会想到店里有夏季库存的问题,他们只知道天气凉了。就想要买秋、冬季的商品。这个时候,如果店铺因为还有夏季存货,而未进秋、冬季的商品的话,就是愚不可及的作为。

总之,店铺一味滥用或卖弄卖方理论的话,是无法产生消费者来店光顾的可能性。

伊藤荣堂的卖场面积十分宽敞,所以能够在应对消费者夏季需求的同时,也可以换上秋季商品,但是一般的便利商店,由于卖场面积有限,就做不到这一点。

商品仍然有需求,可是却早在半个月前,甚至更早之前就开始缺货,这种情形真的很糟糕。但是引进没有销售保证的新商品,无端浪费陈列面积,又实在很愚蠢。面对上述问题,实在令人进退两难,但是也特别突显出要谨慎做好单品管理的重要性。

因此,当店铺决定要引进新商品时,必须要马上拟定周全的计划,让新、旧商品足以供应整个店的需求。

零售圣经

7-ELEVEN

当新的商品进驻,有的旧商品必须消耗库存时,店铺可视情况降价出清。但是,这么做只是为了达到扩大均衡(Expanding Equilibrium,让收益、风险、成本保持均衡的成长)的一时方便,所以降价出清并不是我们的最终目的。

◎ 热门商品的定价

有一次,当我巡视伊藤荣堂的商店时,看到一种标示为"热门商品"的塑胶制桶形产品。才看一眼,就觉得桶子的颜色真是丑到了极点,我马上把负责此事的人找来,他给我的回答是"因为这是热门商品"。

所谓的"热门商品",顾名思义就是能够让消费者一看到,两个眼珠子就几乎要蹦出来的商品。但是认为只有"廉价"才能造成抢手的话,一定会让人产生误解。

厂商为了处理卖不完的不良库存,常会使出低价销售的杀手锏,但是这类售价低廉、缺乏价值感的商品,我们不能称之为"热门商品"。

买到这类商品的消费者,如果以后到处随

口散播:"这是我在伊藤荣堂买的便宜货,不仅颜色难看,质感也差。"这也很可能会挫伤其他消费者来店的惠顾性。

卖方或许会认为因为价钱便宜,所以品质不佳是无可奈何的,但是消费者可不这么认为。所以打着"热门商品"旗号的商品,虽然价廉,但是同样也要兼顾品质。换句话说,如果不能让消费者觉得物超所值,买得合适,那么促销热门商品就没有丝毫的意义。

经营便利商品也是一样,不是便宜就一定好。尤其是日用商品。我们卖出去的商品就在消费者的手边。我们一定要做到让消费者看着所购买的商品就高兴地说:"这是在7-E-LEVEN买的,真是不错。"

用一个比较极端的例子来说明,听到"免费赠送",消费者都会欢天喜地地把商品带回家,但是当消费者知道这只是劣质品的时候,可不会想到这是免费的赠品,反而会抱怨"搞什么呀! 原来是这种烂货!"而对这家店留下不好的印象。本来是高高兴兴发送免费赠品,没想却反而让人留下恶劣印象,真是得不偿失!

又如食品类的商品，如果消费者吃下肚后，发生了食物中毒的事件，这对店家而言，将造成无可挽回的致命打击。此时，消费者绝对不会记得，他是在食品还很新鲜时，就拿到的免费赠品，这就是消费者的心理。

讲这两个例子就是要告诉大家，经营便利商店要随时想到消费者是怎么想的？消费者是基于什么印象而走进店里的？因为我们要消费者不是只来这一次，而是明天、明年、后年都能一直到店里来购物消费。

某样商品，现在人气正旺，并不表示就可以一路照此发展下去，因为有强烈好奇心的年轻人也经常会走进店里，只要有新的商品，他们就会立刻动手尝鲜，所以不要以为新商品才上架即卖得很好，就等于消费者已经认同了商品的价值。

面对好奇心强盛的消费者，我们必须不断地提供新的商品。但是这类的消费者通常喜新厌旧的速度非常快，所以只是一味进新的商品，终非长久之计。而且这种只为追求眼前利润的经营方式，只怕会越卖顾客越少。

◎ 连锁店也得因地制宜

这是发生在青森县内某家伊藤荣堂店的事。这家店的附近有一个大型的渔港,所以当地的人早就习惯了新鲜、便宜的鱼货。但是伊藤荣堂的人对于鱼却有一种先入为主的观念,所以就以一般的价格出售在东京一带卖得非常好的鱼。

在当地人的眼里,这些鱼的种类虽然不同于自己平日所吃的鱼,但是由于价格相差悬殊,所以并未购买。

不过卖的人却认为这是消费者的不对,因为店家已提供了这么好的商品,消费者却不领情。

这就是市场营销计划未将地区特性列入考虑范围所造成的偏差。

当然经营便利商店也必须留意这一点,若是商品部无视每家店的不同之处,硬是将商品全都塞给店家,这么做真的是为了方便消费者吗?例如味精、酱油等商品,如果不能强调其特有的地区性,那么肯定会滞销无疑。

所以,先彻底调查每一地区不同的市场需

求,再准备齐全的商品是非常重要的。

对于本部推荐的商品或通知,不是每一家店都得照单全收。如果不能以当地的消费者眼光来看商品,或者是考虑该店的实情,不但无法提高店铺的收益,同时也无法让消费者对该店产生惠顾性。

在年轻客户所占比例很小的地区,卖适合年轻人使用的商品,当然乏人问津,又例如罐头腌渍鱼(sea-chicken,将鲔鱼、鲣鱼等用沙拉油腌渍而成的罐头)就不受年纪大的消费者所青睐。商品的美味与否,会因消费者年龄层的不同而有所不同,所以我们选择进货商品时,必须考虑该商圈的消费者年龄层这一问题。

◎ 一家值得相信的店

7-ELEVEN 圣诞蛋糕的预售制度已经推行了许多年,但是在现在每一家店几乎都采取预售方式的情形下,7-ELEVEN 的这一项优势已经不存在了。不但如此,事实上的情况还是岌岌可危。

类似这种需求只限定在某个特定日子的商品,如果无法及时售罄,不管其味道多好,都不可能再继续销售,所以这类商品就成了典型的跌停板商品(因为生产过剩而导致价格突然暴跌)。

但是,除此之外的一般商品,我们都必须尽可能让价格保持稳定,因为预售之外的商品,如果发生了价格暴跌的情况,我们和特别订货顾客之间的信用关系也会因此丧失。这种现象比商品价格突然暴跌本身还可怕。

这可不单纯是圣诞蛋糕的问题。因为我们经营便利商店的基础是建立在消费者认定,"7-ELEVEN 是一家值得依赖的店"之上的。如果连这份基础都荡然无存的话,我们绝对无法永续经营。

然而囿于眼前利益而眼光短视的人,却大有人在。

要经商,店家就得思索消费者的心理。当商品的价格有暴跌的状况发生时,消费者一定会在心里嘀咕:"原来在 7-ELEVEN 预约的商品特别贵,我们岂不是白白损失了!"

思考事情,就必须以能够得到消费者长期支持为前提,尤其是顾客的消费水平有些低迷的现在,每一件事情都得经过缜密思考,再决

零售圣经
7-ELEVEN

定是否可行这一点是非常重要的。

当然也要思考什么样的销售方式才能为店铺创造优势，要创造优势，最重要的就是要解读消费者的心理。如果无法合情合理得到消费者的参与、关心和购买，最后势必无法创造优势。

要注重实效这种想法，唯有扎实力行基本原则，也就是保持店里上上下下的清洁整齐、不要让商品缺货，不要做出有损店铺商誉的事情等等。只要经常思索店铺的价值，就必然会发现消费者眼中所看到的价值也越来越有形了。

◎ 张贴公告与做事态度

把收据交给来购买东西的消费者，是我们的基本工作。

但是有段时间，就因为某些店未彻底实行这项基本工作，我们就在收银处贴了一张贴纸，叮嘱收银员一定要将收据交给消费者。

贴纸上写的就是"本店必给收据！"

收据是表示我们已尽了卖出商品现任的证明，因此，未将收据交给消费者，就形同放弃

113

现任一般。

当然有顾客接过收据后，就随手丢弃了的，这是消费者个人的自由，店家无从干涉。

可是，就是因为有人向总公司抱怨没有拿到收据，才让总公司匆匆忙忙制作贴纸，敦促收银员彻底执行。这件事证明了总公司的管理能力欠佳，让我觉得非常可耻。

1996 年夏天，发生了因病原菌 O-157 感染而导致的食物中毒事件时，店中也贴了贴纸，不过上面写的是"大家勤洗手吧！"

这张贴纸一经贴出就等于向大家坦然承认之前我们的工作人员都没有好好地洗手。为什么这张贴纸上的内容不是"本店工作人员勤于洗手"呢？这两句话的不同之处，值得大家深思。

贴在收银机旁的贴纸也一样，一贴出就等于向大家公告"我们没有乖乖地将收据交给消费者！"照理说，总公司提出要贴这句话的时候，大家就应该以"我们的店彻底执行，不需要贴贴纸！"大力反抗到底。

所谓做事，就是将每一件工作都仔细贯彻，如果每一件工作大家都能贯彻到底，他日的成果一定非常丰硕。

◎ 胜败在战前已定

每一项工作都贯彻到底、经过千锤百炼的店，就算身处不景气的大环境，业绩也不会全速滑落。

那些突然沉沦的店，都是之前得不到消费者支持的店。只因之前还没有其他的便利商店可以选择，所以这些消费者只好无奈地上门购买。

原来环境恶劣，费尽心血才站起来的店铺，就算附近一带出现了新的竞争者，他们的营业额也不会因为一点风吹草动而下跌。因为这些店平日都非常努力彻底执行每一项基本工作，早已深深地俘获了消费者的心。若非如此，他们早就被恶劣的环境淘汰了，反之，有不少在开店之初即幸运拥有最佳条件的店铺，却在竞争对手出现之后，业绩开始一路狂跌。

从这个观点去思考的话，大家就会明白为什么我会说，在对手开店前，事实上胜败已定了。

一家拥有消费者高惠顾性的店铺，就算半

途杀出了程咬金，也依然可以稳如泰山。基础认知马马虎虎，从未努力争取消费者来店惠顾率、只依赖好地段的店铺，最容易"倾倒"。

商品的齐全度、鲜度、品质，待客之道、环境清洁水平都不高，消费者只是迫于无奈登门买东西的店铺，就算新的竞争对手的消费者惠顾性并不高，消费者还是会转移阵地的。

因为之前累积在消费者心中的不满，会形成一种反抗力量，让消费者投身新店铺的怀抱，这就是消费者的心理。这个时候，即使企图亡羊补牢，只恐怕消费者心中早有定夺而无济于事了。总之，等到竞争对手出现之后，才意图在各方面做肤浅的比较，为时已晚。

而对这种状况，想要卷土重来，必须付出相当的努力。因为卷土重来的起点，不是零就是负数，也就是该店铺是背负着许多不利条件重新出发的。这个时候，如果店家还企图玩些小把戏刺激业绩，恐怕完全不管用。

基本的工作做不好，却猛搞花招促销，只会落得贻笑大方，做这种费力不讨好的事，反而让竞争变得格外刺眼。

因为竞争，造成业绩滑落的许多店铺，不

零售圣经

7-ELEVEN

问其业种或是产业状况,经常都会是上面说的这种状况。因此,能否彻底执行基本原则非常重要,营业额只不过是反应结果而已。

所谓经营管理,不外乎就是店内体制、协助进行订货、出货、贯彻环境整洁、亲切服务等等基本原则。一家店如果能够在经营管理模式确定之后,再"秀"出亮丽的营业额,这家店就是一家拥有自我特色,走向创造化经营的成功店铺了。因此,就算附近有其他的店铺陆续开张,消费者也绝不会立刻拔腿就跑。

◎ 竞争对手是我们的朋友

如果其他同业或者是其他公司所开的便利商店,在电视上猛打关东煮的广告,我们应该觉得庆幸,因为对手的这一个动作也等于为我们自己店的关东煮做了宣传。

如果有人因为别的店为关东煮做宣传而感到困惑的话,这就表示你对自己店中所卖的关东煮没有信心。因为不管是哪一家店、哪一家公司为关东煮做宣传,都能刺激关东煮的销售,使来便利商店购买关东煮的人数增加。不但如此,我们更可借此突显我们的商品特色,创造更大的商机。

如果消费者在比较之后认为:"还是 7-E-LEVEN 的关东煮比较可口。"销售额当然就会随口碑而来。所以对于竞争对手砸钱做宣传,我们应该心存感激。

当然,两件商品要移到天平上做比较之前,必须以该商品已经拥有属于自己的特色为大前提,这也就是我常说:"胜败在竞争之前就已确定"的道理了。

除了关东煮之外,其他任何事情也是一样的。只要掌握这个原则,竞争对手的增加,对我们而言,其实就是增加朋友。

竞争是惨烈的,但是只要我们平日努力提升商品、待人接物的水准,消费者就一定会上门。

7-ELEVEN 刚起步的时候,大家都觉得便利商品无法在日本立足,但是当 7-ELEVEN 步入轨道的时候,大家又开始骚动,认为"便利商店的时代已经到来"。接着,竞争店铺便一家一家如雨后春笋一般地冒了出来。

面对这种改变,7-ELEVEN 的处境如何? 7-ELEVEN 的业绩不但没有因此受到打击,反而大幅度地成长了起来。换句话说,因为有了竞争,所以我们获得了成长的机会。

　　7-ELEVEN 成立之初,一家店如果开在人口数低于两三万人的地方,业绩根本做不起来。但是现在在便利商店激增的情况下,就算人口数量还不到 5000 人,业绩一样呱呱叫。因此一家店铺即使只服务 3000 人,也是大有可为的。

　　J 联盟成立之后,许多球队纷纷效尤,掀起了足球旋风。同样的,我们经营便利商店,如果有竞争对手或者是伙伴有意愿加入,我们应该表示欢迎。

　　问题就在于是否能够创造差异化的经营。其实这一点都不困难,一切就看我们是否可以站在消费者的立场,彻底进行商品开发、销售、准备齐全的商品等。当消费者上门时,找不到想要的商品,要进行创造差异化的经营根本是不可能的。

　　某一个星期天,我进入某家 7-ELEVEN 一看。架子上便当、饭团都缺货。有一位表情困顿的顾客问店里的人说:“这附近有没有可以吃饭的地方?”这个人冷冷地回答:“我是打工的，对这附近不熟。"这种待客之道，怎么可能提升消费者的来店率？

◎ 促销活动该有的效果

1998 年伊藤荣堂率先实行将消费税折算成点数，还给消费者再利用的销售方式。同业的其他公司立刻跟进，每一家店也就都如法炮制。

但是，仔细观察每一家公司，就会发现各家之间所得到的成效，事实上有很大的差异。

同样是大型的超级市场，虽然都采取了同一种销售方式，但是平日消费者来店惠顾性高的店和低的店，他们的消费者反应就完全不一样。

同样是挂着 7-ELEVEN 招牌的店，每一家店的消费者来店惠顾性也不一样。平时总是缺货的店铺，因为消费者对该店的惠顾性本来就低，所以就算办同样的活动，业绩还是拉不上来。

消费者来店惠顾性佳的店，少有缺货的情形，换言之，这是一家机会损失非常少的店铺。另外，能够备齐多少符合消费者需求的商品，也关系着消费者来店惠顾性的优劣。

有一家 7-ELEVEN,趁着消费税折算成点数,还给消费者再利用的促销时机,仔细盘点货物齐备商品,结果米饭商品的销售成绩大幅增长。听说,在此之前,也就是包括前一个年度在内,他们的米饭商品都卖得黯然失色。其实这不是米饭商品卖不出去,而是经营本身陷入了缩小的现象中了。

将消费税折算成点数,还给消费者再利用的促销行动结束后,平日即彻底齐备商品的店铺,其业绩没有因此而滑落。若是活动结束后,业绩直线滑落,就表示此一活动毫无意义。因此,如何增强活动效果是非常重要的。

办活动,最重要的就是以活动为杠杆,观察活动以后的数字是怎么变动的,而这些数字就是活动成功与否的判断基准。

◎ 开馆来自平日积累

例如,同样是 7-ELEVEN 的店,情人节的巧克力,有的店卖得炙手可热,有的卖得冷冷清清。

情人节就是一种活动。原本形象好的店

铺,就可以把巧克力卖得呱呱叫。当然,顾客
对象的不同,会让业绩有些差距。但是概观而
论,平常形象就不好的店,巧克力就是卖不出
去,因为情人节的巧克力,是一种会受到形象
所左右的商品。

在节庆活动促销的商品,并不是在节庆当
天做些特别的动作,就可以让业绩扶摇直上
的。平日悉心培植的形象,是相辅相成的重要
条件之一。

平日敷衍了事的店铺,不管在情人节当天
办多么热闹的活动,年轻的女性消费者就是不
会上门购买巧克力,因为即使只是送给普通朋
友的巧克力(日本有所谓"义理巧克力",用来
送给非情人的对象),也有她们所寄托的梦想。
若是店铺平日不在乎形象,那么不管办什么活
动,都是无法达到具体成效的。

像饭团等这类的商品虽然另当别论,凡是
讲究形象的商品,其销售情形的好坏,是由销
售该商品的店铺形象所决定的。

因此,就算该店所卖的巧克力和三越百
货、高岛屋所卖的巧克力是同一级的商品,消
费者无心购买,这些巧克力还是卖不出去。即

使降价出售,如果不能得到消费者定位,同样无法打动消费者的购买欲望。

这种店铺的价值之所以无法在消费者心中定位,就是因为他们平日不累积形象,不贯彻基本原则。因此,就算特别花心血办活动,也是徒劳无功。因为形象不是有形的东西,它是长期孜孜不算累积而成的结果,这是一种自然而然散发出来的气氛、情绪。

在形象无法确立的情形下,投入大笔的资金打电视广告,恐怕效果是极为有限的。

有人认为我们都这么努力了,所以消费者一定会肯定我们是形象良好的优质商店——有这种想法的人实在是太天真了,业绩之所以如此低迷,可以说就是被这份愚蠢的天真所害的。

或者应该说,现在业绩还不错的店,其实大部分都是仰仗其好地段所赐,而这些店却错以为全都是靠自己的力量所得到的,这是一种十分危险的想法。

该做的事就该回归基本,符合消费者需求的商品是不是全都齐全了?我们的服务态度是不是够亲切?店铺里里外外的整洁工作是

123

不是彻底执行了？员工的制服是不是脏了……当然，并不是要求每一位服务员都得打扮得花枝招展，像个大明星一样。

总之，在各种细微之处，如果做不到用心两字，是无法真正提升业绩的。

◎ 宣传活动潜藏着危机

一般消费者要评论家电业、制造工业产品等的制造商时，通常都只是看看放在外头等着销售的产品而已。

但是评论零售业时，除了商品外，销售的地点、人员、待客的态度等等都会品头论足。换言之，接受综合评价，就是零售业所背负的宿命。

所以我们宣传的立足点就是："7-ELEVEN 感觉真好，有亲切的服务、永远新鲜的商品、整洁的购物环境。"

但是当消费者实际走进店中买东西的时候，感觉到的却是"搞什么！和宣传的完全不一样"时，我们的宣传所得到的就是相反的效果。在这种情形下，不宣传反而更好，越是用力宣传，所造成的伤害就越大，这就叫做砸大钱制造损害,得不偿失。

　　超级市场在草创时期,口碑好的店完全不需要宣传。伊藤荣堂第一次发传单是 1957 年,也就是在东京北千住开店长达十年之久后才开始发传单。这张传单上只写了店名和营业时间而已。由于消费者在这之前,对店铺的形象早已深入人心,所以一张简单的传单就能达到吸引顾客的目的。

　　但是平日不重形象,得不到消费者好评的店,不管宣传得多么花俏、热闹,也还是无法为业绩的提升做任何贡献。只要消费者走一趟店铺无法得到满足,店铺的说服力就会越来越薄弱。就算店家不是故意这么做,但所得的结果就是欺骗消费者。

　　宣传伎俩越高超,就越显现现状和宣传之间的落差。所以做宣传稍不留神,就等于是自掘坟墓。也就是说,宣传活动事实上潜藏极大的危险性。

　　能否趋吉避凶,就看店铺对于鲜度管理、进货管理、清洁管理、服务态度等等基本事项能否彻底执行。如果每一家店都不能确切执行,实际情况和宣传之间的差距就会越来越大。

20世纪60年代,某一家连锁商店自夸道,他们在全民办的零售业里,拥有最多的店家数量及最高的营业额,因为它的规模是世界最大的,所以拥有骄人的成果也是必然的。它能够从最开始的连锁赤字,到世界第一大的规模,当然有它的成功因素。但是到了最后为什么会走上没有利润、经营不善的穷途末路呢?因为它忘了基本原则,以至于无法应对时代快速变迁的脚步。

◎ 这不是几率问题

不论是 7-ELEVEN 或是伊藤荣堂,每天都会有问题发生。可能是习以为常的关系,大部分的人都会陷入一种惯有的思维方式之中,认为上回也没酿成什么大事故,所以这次也不会有什么大不了的。

"就算发生事故,但最终发展成大问题的情形真的并不多见,所以这次也就……"有这种想法的人,真的是非常危险。虽然以意识形态而言,这不能算逃避,但是疏忽所造成的问题,却会变成无可挽回的遗憾事件。

以食物中毒来说,就算一百次都是轻微腹痛,只有一次事态严重,但是这一次对我们而言,可能就是致命的打击。在一般的业务当中,商品缺货的确是一大问题,但是和食物中毒相比较时,就必须考虑何者为重了。

商品缺货,消费者不会死,但是食物中毒却会直接要了消费者的宝贵生命。

等到事情发生了才知道,一切都太迟了,就像覆水难收的道理一样,生命一去永不复返。所以面对这个无法挽救的问题,在事情发生前的"防患未然"是非常重要的。

食物中毒多发生于刚入秋后天气尚且酷热的时候,因为这段时间,人类的身体状况最弱。当然,人的力量是有限的。所以不管我们事前的"防患未然"做得有多好,还是会有不幸的事情发生。不过最低限度在我们工作上,应该要把相当程度的资料放在脑中,时时提醒自己要留意。

过了保鲜期限的商品,没有所谓可不可惜,一定要丢掉,所以得过且过的处理方式绝对要不得。当天的气温和湿度都会影响食品腐败的程度,所以一定要时时悉心观察,如果发现情形不对，即使该商品还在保鲜期间内，也要丢掉。如果大家无法从一开始就认识到这份结果的重要性，那么就会波及到挂着相同招牌的其他商店。

我要再次强调的是"这种事绝对不会发生"而非"这种事极少会发生"，换句话说，绝不允许大家以敷衍的态度面对自己的工作。

可能会危及到消费者生命安全的，除了食物之外，还有在店内所受的伤。例如，地板上有水渍，若是小孩跑过跌倒，正好一头撞上了铁柜的一角，该怎么办？

以服务众多消费者为生意对象的零售业，除了要提供商品之外，还必须彻底管理环境，比如有飞车闯入的地方，就算地点再好，也不适合开店。如果开店之后才了解这种情形，就必须在发生意外之前，立刻采取应对措施，或增设栅栏等等。

疏忽大意、对任何事都以惯性处理的心态是极其危险的。不论何时何地，我们都应打起精神，全力以赴，因为我们要赚消费者的钱，"全力以赴"就会成为我们的义务。

零售圣经
7-ELEVEN

第 **4** 章
热情带动人

不论是对公司员工或者是加盟店的老板，如果你认为只要解释一次，他们就能全盘了解的话，那可真是天大的错误。更何况是让新进职员全体排排坐，只在第一次见面的时候就说明那么一次……

◎ 唯戒慎恐，惧者生存

不论是对公司员工或者是加盟店的老板，如果你认为只要解释一次，他们就能全盘了解的话，那可真是天大的错误。更何况是让新进职员全体排排坐，只在第一次见面的时候就说明那么一次，之后就什么都不做情况下，更是绝对无法要求这些人能够一直遵守基本原则。所以我们必须以每一个人为一个体，针对每日的工作，耳提面命。

在 FC 会议（店铺指导员会议）上，同一件事情，我已不记得说过多少次了，但是错误仍然层出不穷。

听说飞机的案例事故最常出现在飞机准备爬升卷曲度要起飞的时候。一家公司从起步到飞上天空这段时期，通常也是最艰难的阶段。所以我们要像机长准备离开地面时一样，凝神屏气、全神贯注，务必让公司所有的员工都体会经营便利商店的艰辛之处。

当然，当业绩冲上了云霄，即舒口气认为自己已经稳如泰山，则更危险。或许沿着这还算成功的模式，再陶醉个一年左右，大概还撑

得下去,但是如果每一个人对于自己的危险状态都不自觉的话,即有可能在刹那间开始失控。这个时候才猛然警醒已经太迟了。

因此就算业绩能够爬升到一定的高度,也没有人可以妄下结论,认为从今而后营业额一定安全无虑;更何况想更进一步崭露头角的时候,更需要积极的活力。所以不管我们今天所处的位置如何,这份拼劲是绝对不能丧失的。只要能够常保显露头角的拼劲及活力,就应该不会让店铺陷入缺货、脏乱的难堪境地。

便利商店刚起步的时候,7-ELEVEN 可以说名不见经传,很少有人会去评论。所以即使店面不干净,消费者也不抱怨,因为我们不受期待,所以消费者允许我们犯错。

但是现在消费者怎么看 7-ELEVEN,对于7-ELEVEN 又有什么样的期待,我觉得大家必须再下工夫好好思考一下。

因为,我们所设定的基本原则,消费者全都了如指掌。因此,只要其中一项无法满足消费者,消费者就会立刻给予负面的评价,认定"7-ELEVEN 是什么玩意!"

从消费者的立场来看,他们是无法想像怎

么会有商品不够齐全的便利商店，因为我们就是什么都有，才叫便利商店的。除了商品齐全之外，对于其他条件的要求也是一样的。

在我们还未在业界蹿红之前，稍稍有些负面的表现，消费者睁一只眼，闭一只眼不会抱怨，但是现在区区一件芝麻小事，就会让消费者直接上诉，这就证明消费者的高期待，是我们的工作，同时也是我们所背负的社会责任，所以绝对不能有丝毫的疏忽。

受到消费者的高期待、高标准评论，的确很辛苦。但是也证明我们的努力有了收获。

因为我们从消费者那儿得到了磨炼自己、提升自己的大好机会。

这句话的另一层含意就是说，其实我们每一个都在跟自己战斗，因为这是一个让自己透过工作，彻底琢磨自己的大好机会。同事之间更可借此相互切磋砥砺，从而提升整体工作的水平。

我们这么做不是为了别人，而是为了自己。

◎ 将原则化为己有

严格来说,把店头打点整齐干净,其实都只是暂时的。因为过了三四天,又依然故我了。

只要和 7-ELEVEN 沾得上边的相关企业,都知道 7-ELEVEN 有项清洁维护的基本原则,但是只要上面稍不叮嘱,店铺就将这项原则束之高阁,也就是说,所有的基本原则都无法彻底执行。

例如,清洁维护、亲切服务等基本原则,如果稍一疏忽,整个店铺的经营就会立刻坠入彻底松散的状态。为什么会有这种情形发生,追根究底就是因为大家对于这些基本原则的重要性及必要性,并没有刻骨铭心牢记在心里,所以就会抱着得过且过,认为只要东西卖得出去就好的敷衍态度。

简言之,就是因为大家未能彻底了解基本原则和业绩之间的相互关系,才会有这种天真安逸的想法。

如果店铺是抱着因为总公司唠叨才不得不做的心态,那么同样的失误将会永无止境地重复上演。在这种情形下，如果店铺的附近出现了竞争对手，店铺立即回天乏术。这种不幸的例子，也可说不胜枚举。

要观察一个人是否真的会做事，可视其花多少的心血，将基本原则化为己有来决定。

所以，机器人永远当不了人，因为他们的行动是根据事先所设定的公式而启动的。要总公司说句话才做一个动作的店铺，和机器人没有什么两样，差只差在真正的机器人不会发牢骚。

如果有一家店铺，就是无法做好店头的清洁维护，我建议该店铺经营指导员，每天早上亲自卷起袖子打扫给他们看。店头的清洁工作，只要短短的五分钟，应该就可以打点完毕。先持续一个星期，再评估结果。

在无法让加盟店老板了解基本原则重要性的情形下，除了亲自以行动示范之外，也别无他法了。一般来说，若是店铺经营指导员身体力行，亲自动手，加盟店老板都不会默不作声。只要加盟店老板有反应，说服效果就会随之而来。

当然，我们不可能要求十家受辅导的加盟

零售圣经
7-ELEVEN

店,十家都立刻了解店铺经营指导员的苦心。但是至少在第一阶段的第一个星期里,可以得到七家店中四家店老板的认同。

对于我这种建议,可能同事中有人会认为,我是在强迫店铺经营指导员在上班时间外工作。对于个人的时间管理,我希望大家应该朝着如何提升效能的方向去思考,而不是任何事情都要烦心。只要工作有效率,效果自然显著,身心也乐得轻松愉快,因为现在是个重质胜过求量的时代了。

◎ 无往不利的 Know How

对于费尽唇舌还是无法做好清洁维护的店铺,我建议店铺经营指导员不妨亲自动手示范一个星期,提这个建议只是想强调以行动表示基本原则的重要性,并不是要店铺经营指导员做一个什么都打扫的清洁工,因为打扫并不是店铺指导员的正职。

所以我并不打算强制执行这项做法。但是店铺经营指导员如果想看看自己到底能屈能伸到何种程度,倒是可以试着做做看。自主性的行为是非常可贵的。不过碰到这种情形时,店铺经营指导员不能闷不作声,只知卷起袖子打扫,而是要事先向加盟店的老板做明确的说明。如果一个星期过去,仍然不行,就再试一个星期。这个时候,如果老板问为什么,就告诉他:"这是店铺为了支持我们的消费者所做的最低限度的服务。"

这种话若视情况重复几次,对加盟店的老板而言,就会在无形中转变成一种说服力。在这一来一往的过程里,相信也有助于我们本身彻底说服别人基本原则是怎么一回事。

不论是透过行动获得对方的理解,或者是以说服力打动对方,都希望大家能够亲自体会其中的甘苦。因为这么做,会让自己成长。为了让自己成长,多花一两个星期的时间,绝不可惜。

当你能够以自己的能力获得对方的理解,或者是打动对方的心弦时,店铺经营指导员的工作就能够水到渠成、得心应手。因为这是一份无法靠单独一个人完成,而是必须仰仗大家相互合作的工作。如果和对方之间互不相信,这份工作将停滞不前、无法推进。

对我来说,同样一句话,总是要重复无数

零售圣经
7-ELEVEN

次,因为只讲一次就希望人能够彻底了解,根本是不可能的,所以在对方引起重视,并能自发去做之前,我就是不厌其烦地说了又说。

透过自己的努力所学会的工作,在未来转换工作跑道或者是转业时,对自己都一定有实质的帮助。甚至在 7-ELEVEN 内部的各部门做轮调,也可以为自己留下宝贵的工作经验,这些经验就是个人的资产。

所以,我真是非常希望年轻一辈的店铺经营指导者,能够透过工作学习到什么,更期待 7-ELEVEN 的经历,往后的人生岁月,贡献一份绵薄之力。

假如,我把现在所说的主题,定为怎么做才能说服别人?或者是怎么做才能打动人心?如果都能领会其中技巧的话,就会成为个人的 Know How。这套 Know How 绝对世界通用,让你无往不利。

当然,想要说服别人,首先自己就必须努力学习。只有自己下苦功努力,才能比对方更有深度,这一点是非常重要的。在尝试还不够的阶段,说服对方最有效的方法,就是亲自示范,就像前面所提的打扫之例。

对人性毫无认知,光靠三寸不烂之舌,对方绝对不会领情,更别期望对方的心会和你产生共鸣了。

当对方完全听不进你所说的话时,就表示你是个没有说服力的人。这时希望你能够坦然承认自己是个不成熟的人,并借此机会重新审视自己。

◎ 一家店一个对策

7-ELEVEN 的周围有各种店铺。如果正好有提供可以外带速食的店时,我们不仅要彻底做好基本原则,还必须对竞争对手的单品商品仔细研究,并拟定可行对策。

如果不这么做,这家店铺的营业额及利润将受到相当大的冲击。让所有的店铺一律采取同一战略,是不可能让整体的业绩走向扩大均衡的。

因为每一家店都有自己不同的状况。总公司或商品部的指示,只是提供一个整体的大方向,所以实际的做法会因店铺的不同而有所改变是理所当然的。

当然,有些店的做法完全符合整体的方向

性,但是这只是凑巧而已。因为没有任何一家店的地段、环境条件会和别家店铺完全一模一样。所以,店铺经营指导员提供加盟店意见时,必须全都不一样。

说得极端一点,就要求店铺彻底实践基本原则是不变的,但是因种店的情况不同,四个基本原则的排序还是不同的。

我总是不断地叮嘱店铺经营指导员,要彻底实践基本原则,但是各经营指导员对于自己所负责的加盟店,如果只会像鹦鹉般重复我所说的话,并不算完成自己的工作。

因为上至加盟店的老板,下至计时工都知道店头干净比脏乱好,也明白商品乱了就该整理,只是他们对基本原则,对店铺经营的重要性有认知程度上的差别而已。另外,竞争条件、地段条件的差别,也会造成基本原则的执行程度上的落差。例如地段优、生意好的店,对于基本原则的模式,就常流于安逸轻忽,因为他们虽不太重视基本原则,业绩却仍然锐不可当。事实上,这份疏忽就是该店铺的弱点。

如果能够及时修正这个弱点,知名度实践基本原则,以往一天 100 万元的收入,或许会提高到 120 万元、130 万元。

另外一种是地段、环境条件均不佳的店铺,虽然努力实践了基本原则,但是业绩就是没有起色,于是心存不满,对于基本原则的重要性开始产生疑惑,这一点就是这种店的弱点。

因为不满就会开始轻视原则,进而陷入让业绩更加恶化的恶性循环当中。其实这种店必须比条件优势的店铺需要更彻底实践商品齐全、亲切态度等各原则。

贯彻基本事项的原则都是一样的,实践程度的深浅却会因店而异。因此做一个称职的店铺经营指导员,除了要详细了解各店的优劣点之外,还必须向加盟店的老板悉心说明解决现状的对策,获得老板的认同。

对加盟店的老板说"贯彻基本四原则"的情境,其实与我们对自己的孩子说"快去用功读书"非常相似。其实每个小孩都知道用功比不用功好,只是他们不知道该怎么念,所以就选择了最轻松的做法,一头钻进了电视遥控器的世界里。

此时,监护人的职责就是,采取有效手段,

转移孩子的兴趣,孩子尽他应尽的责任。

店铺经营指导员支援各店时,也必须以相同的要领进行思考。

◎ 对事不对人

只要提到和公司相关的业务,因为工作和人格是不同的两件事,所以必须分别进行思考。

当然,有的时候,一个人的人格特质会自然而然反应到工作上,透过工作,也可以磨炼一个人的人格。但是以各项长远的眼光来看时,我们所提示的具体指示或者是注意事项,只和工作有关,而和人格完全没有关系。

我从不认为自己的人格非常出色,只要想到这一点,我就不会随意对人吹毛求疵。

我想每个人都知道不应该把工作和人格混为一谈,便是在现实的生活里,我们却常在不知不觉中,就把两者夹杂在一起,让事情变得一团糟。所以包括我自己在内,在发言的时候都必须格外注意这一点。因为原来只打算针对工作耳提面命一番,结果却往往因措辞失当,而侵犯、伤害了对方的人格。

141

例如,店铺经营指导员很严肃地和加盟店的老板讨论工作上的问题时,常会一闪神就让伤害对方人格的话脱口而出。加盟店的老板中,许多人的年龄都相当于我们的父辈,甚至有更年长的人,其中拥有丰富人生经验、社会经验的人更是不在少数。

所以店铺经营指导员所能指导的,只有和便利商店相关的经营 Know How(技能信息)而已。因此,当双方展开对话的话,店铺经营指导员必须经常提醒自己,绝不接触工作之外,和人格相关的事项。如果把"根据我的经验……"挂在嘴边,只会给人傲慢无理、目中无人的不佳印象。

如果将人格和工作混为一谈,对对方采取高压强势的言论,加盟店的老板一定会在内心嘀咕:"这个乳臭未干的小鬼在胡说什么?"一旦老板的心中有了这份芥蒂,双方之间即无法建立互信关系。

我们的店铺经营指导员年龄都非常轻,所以都不具备丰富的经营经验。所以和加盟店的老板对话时,不妨先提供一客观的资料及其他成功的案例之后,再切入问题的核心。事先

零售圣经 7-ELEVEN

先准备好合适的客观事例,相信加盟店老板应该会愿意倾听。

但是我们的店铺经营指导员,往往采取强势作风,单刀直入,不假任何修辞对加盟店的老板说:"就这么做!""你非这么做不可!"这么一来,对方一定会反感,认为,"你说的是什么屁话! 自己没做过便利店,还敢在这里说的唾沫星子横飞!"另外,如果加盟店的老板是属于个性比较木讷、内向,不擅长言辞表达的人,他们的反弹力道将更可怕。

举此例的意思是,身为店铺经营指导员,应该多去寻找各种案例中的成功例子,并了解该如何说明才能为现在有经营困难的加盟店老板解惑,这一点是非常重要的。

◎ 管理风格

当我们在分配工作的时候,必须把工读生(学生钟点工)的稳定度也纳入考虑范围,因为工读生的稳定度和该店的管理风格息息相关。

此外,就算各家店的管理情形都很顺畅,也并不表示这些店的管理模式全都是一样的,因为各种状况都可能因为当时的环境或者发生的事情,而衍生出不同的个案。

有的加盟店老板对店中的工读生非常严格,但是对员工的工作成果却相当认同,有的只重员工优点,极尽夸奖之能事,借此提升全员士气。总之,各种管理风格五花八门,应对方法也各有巧妙不同。

有的老板从不对工读生说一句重话,但是就是能够让工读生安于工作,不轻易离职,也有的成天唠叨、喋喋不休,可是每句话都合情合理,让工读生明白老板这么做,全都是为了提升业绩,而给予这样那样的评价,这种店的工读生的稳定度也相当不错。

所以,店铺营业指导员,必须懂得针对老板的个性,建议管理模式,并协助老板建立适合他自己的管理风格。

世界上没有一个人的个性是完全相同的,所以全都采取同一种方法是行不通的。

就算同样是精于管理的人,有的人个性温文敦厚、耐性十足,有的则是活泼急躁,因此身为店铺经营指导员,必须尽己所能多接触一些事例,了解并分析自己所服务的加盟店老板是什么样的状况,用的是何种管理方法,并进一

零售圣经
7-ELEVEN

步消化，放入自己的资料库中，做为自己的资产。他日碰到这类问题上，这些活生生的资料就能发挥最大的效用，让你的工作幅度更为宽广。

另外，店铺经营指导员之间，也可透过资料与意见的交换，大家一起研究，努力提升指导水平，没有必要凡事都将自己局限于所负责的范围之内。

每一位店铺经营指导员所负责的店铺水准，绝对都参差不齐。有的店员工离职率高，有的低，有的作业分配得恰到好处，有的一塌糊涂。不管如何，都希望我们的店铺经营指导员能够从中过滤管理得宜的店铺，将其分成各种类型，再和其他的同事们共享这份信息。

◎ 不需要教育训练手册

加盟店的老板中，有人向我们反应，希望我们能为从业人员及工读生制作教育训练手册或者是教育录像带。甚至我们自己的店铺经营指导员中，也有人认为有此必要。

但是我个人认为完全没有必要，而且认为这么做，只有百害而无一利。

就如同我曾经说的,管理风格绝不是千篇一律的,每一家店的情形都不相同,所以有不同的管理风格是理所当然的。因此,教育店里的从业人员,应该是加盟店老板的职责。

加盟店老板之所以希望我们提供教育训练手册或教育系列录像带,就是他们自己未能好好恰如其分做好工作,却希望自己的员工把工作做得扎扎实实的缘故。

在公司组织里,对部下总是强调手册教育必要性的上司,大都是属于这一类型的人。一个迫切需要利用教育训练手册或录像带,致力于表面教育的公司,其经营状况一定会每况愈下,终至倾覆。因为经营团队不知道该如何做,只好引进硬生生的技术加以搪塞。这种做法绝对无法为公司奠下稳固的基石。

教育不是技术,如果加盟店的老板不率先做示范,就谈不上真正的教育。

如果这些老板希望我能够告诉他们训练工读生、从业员工的教育顺序的话,我给他们的答案就是率先示范。这个听起来简单,内容却非千篇一律。

如果有一本超万能的教科书,可以让老板

零售圣经
7-ELEVEN

什么都不做,就可训练出勤奋的工读生和优良的从业人员,我也会跃跃欲试。只是世上没有人能够编得出这种书。

我知道有的企业真的有教育训练手册、实战教学录像带。但是这种做法,绝对是一大错误。

每个人都有不同的个性,每一个工作现场的状况和环境也不相同,是绝对理所当然的。因此,我们不能以统一的手册对工读生、从业人员进行职场上的教育。

◎ 原则必须基于热情

工作也和齐备的商品一样,必要的时候,必须去掉一些不必要的项目,也就是去除一些硬性的、没有成效的死工作。事实上,我们真的浪费了很多的时间和人力在不必要的工作上,而且这些不必要的工作,都是因为我们未做好基本四原则才多出来的。

掌握工作精准的概念,就是将原理或原则套用在工作上。

工作会因人而异,即使同一家店,每一天的作业,也会因为日期、地段的不同而有所差异。另外，工读生的素质更是千差万别，所以工作状况绝不可能都一个样。因此同样的工作，一个熟手的工读生自己来做，和一个老手加一个新人搭档来做，效果可能会完全不一样，而且就算是同一个员工，其工作热诚也会因心情而有所不同。

所谓遵循原理、原则，就是追求工作上的深度，而不是为了要让工作变得轻松容易，而采取一成不变的管理模式，换句话说，就是要应用原则、原理，让自己对工作碰撞出诚心热情的火花。

若是已经尽了全力，还是做不好的话，我们也不好再苛责，但是一个做事不求尝试的人，最常挂在嘴边的话就是："我会啊！""我在做事啊！"等到事情做得不顺利的时候，就忙着辩解："我原本是打算这么做的，只是……"

工作成绩的好坏，不是由个人来评价的，只要真的把工作做好，成果自然浮现，必将随之而来，这才是最重要的。

只会粉饰表面、遇事逃避、坚持只在上班时间工作、有问题马上归罪于外的人，应该扪心自问，对这份工作真的有热诚吗？

一个有热诚的人，一定可以撼动人心，而且能够诱发自发性的力量——自己对工作的那份执著和热情。

一个有热情的人，碰到自己不会的工作，一定会寻求别人的协助，企图解决问题。这和有没有能力完全无关，只看是否拥有工作热诚。

我们的工作，一点都不困难，困难的是如何彻底实践并持之以恒，这一点和工作热诚是息息相关的。

只要对工作有热情，就能够打动人。人与人之间的接触，就是希望自己所想的事情能够得到对方的了解并争取协助，这才是我们工作本来应有的理想状况。

◎ 磨炼敏锐的神经

对于应对变化的重要性，我想没有一个人不了解，但是为什么就是始终做不好呢？

上午出太阳，中午过后下大雨——毫无疑问地，这就是变化，持续下了一个星期的雨，突然停了，这也是变化。只要发生了和之前不一样的，全都叫做变化。当然，季节的转移也是

149

一种变化，任何一种变化中，都存在着商机。

可是，不懂得针对变化，采取应变措施的商铺，却多得令人叹息。突然下雨的时候，有太多的店不知道要把雨伞放在店里最醒目的地方。因为对消费者而言，这些都是新的需求。

仔细运用敏锐的神经，是我们的工作，如果每一个人都能擅用敏锐的神经，一定可以大幅增加整体的销售额。

而让自己的神经能够经常保持敏锐的不二法门，就是对工作调度的热诚。与其为难看的数字不断叹气，何不脚踏实地，增加工作深度，为数字增长而做实质上的努力？

就算不能每周一次，至少也该一个月一次，我希望自己每个月拜访店铺时，能够和加盟店老板聊上一个小时。如果能够确实做到这一点，我相信店铺的业绩数字一定会有所改变。

对加盟店的经营、技术问题等进行诊断、谏言或者是指导，只有在对方完全理解并愿意改变原有行动模式时，才算是真正地完成了。因此，虽然说了，却得不到对方认同的情形，就是工作尚未完成,我们仍需努力。

只要持续努力,一旦加盟店的老板顿悟,改变了经营方向,业绩就会像滚雪球一般,越滚越壮观。

◎ 拼命工作不算热情

一步一个脚印,只在不断务实努力一定会做出结果。

心血来潮,只做一天的运动,是绝对达不到健康管理指标的。平常没有运动习惯的人,未经训练就参加马拉松长跑,不但会弄坏身体,还可能在未来的日子里留下烦人的后遗症。

因为体力是逐渐累积基础而形成的,最忌急躁。

我们的工作也一样,既然无法期待经济状况像过去一般的美好,就只有持续努力实践基本原则,才能让向上攀升。因此我们必须为改变自己的工作方法全力以赴。

从早工作到晚,连星期六、星期天也不得闲,但是拼命的工作,却得不到他人的正面评价,在这种情况下,就算心生不满又如何?因为只要现实的数字不改变,还是得不到别人的好评。

员工在假日开着车巡店,会有油钱及其他费用的支出,员工在假日上班,公司还必须安排另外的补假日,这对公司而言,都是多出的成本。如果员工无法因此而提出漂亮的成绩单,就算受到负面批评也是无可奈何的。

这个问题的解决方法,就是如何做才能改变业绩上的数字。

以店头营业指导员为例,想要改变业绩数字,就必须活用详细的资料,设法说服加盟店老板改变订货的方式。

但是如果指导员的工作态度一如经济繁荣的时代,丝毫未变,业绩上的数字也就不可能产生变化。

只想到用老套的做法解决问题,是毫无发展空间的。不改变做事的方法,只是冷冷地看着资料,就不要巴望会看到任何成果。

应用假设、检证的方法,活用正确的资料,增强工作尝试,采取和之前不一样的做法,业绩上的数字一定会有所突破。

我所谓的热情,不是要大家不顾一切拼命

零售圣经
7-ELEVEN

工作,因为工作时间长,热情是无法持久的,而且我个人认为连老式假日都必须工作是很丢脸的事。

◎ 工作时间过长是可耻的事

缩短上班时间,浓缩工作密度,才能期待开花结果。

工作时间过于冗长,实在不值得夸奖。

配合作业的内容,有的工作必须在一大早进行,有的得在深夜行动。所以 24 小时不打烊的店,仔细确认半夜、清晨的状况也是非常很需要的。

但是一天花上 10 个钟头甚至 12 个钟头,在店里晃来晃去的工作情形,却表示这个人的能力有问题。因为这种现象摆明这个人只会做肤浅的工作。一个懂得掌握工作密集度的人,绝不可能每天都花这么长的时间在工作上。

因职场的不同,有的人可能已经习惯长时间劳动,但是如果是一整天都待在店铺里,则形同拥抱无用的库存过日子。这种情形中,实在很难令人期待这个人会以轻快的步伐,增强工作的深度。

我们需要的是，不是工作上的时间数字，而是业绩上的数字。因为评价由这个决定。一个店铺经营指导员每天工作十几个钟头，却无法和加盟店老板产生良性的沟通，就表示无法胜任这项工作。如果店铺经营指导员无法和老板取得高密集度的沟通，就算亲自拜访，对老板和其他工作人员而言，也只是妨碍工作而已。或许该指导员只是想工作，但是在我看来，这只是单纯地浪费时间。站在公司的立场，公司根本不需要支付这一部分的薪水。

店铺经营指导员拜访店铺的基准为一店每周两次——一次事先拟好重点，再依据重点和老板沟通，另外一次，以确认资料为重心。

除非有特殊情形，否则一次的访问时间，以两个钟头为限，所以每一位店铺经营指导员每天至少要拜访三家店。这么说，或许有人会认为"你是因为不了解现场状况，才会说出这种话的。"在反对之前，我希望大家先检视一下自己的时间管理，确定自己的时间是否真是都已经合理使用了。

如果加盟店的老板只有晚上才有空，指导

零售圣经
7-ELEVEN

员也可事先约好,进行夜间拜访。因为在老板最忙碌的时候,到店里到处晃来晃去,将会影响全店的整体士气。换言之,指导员要懂得为自己的工作加上适当的轻重节奏,才不会人抱怨。与其花冗长的时间工作,还不如把相关的工作集中在一个特定的时间,一起处理是非常重要的。

为了让工作更有效率,在采取行动之前的一两天,就必须拟好计划,决定明天拜访哪里、要见谁、要谈什么、这个月要做什么、本季要做什么等等。

对于店铺的各种问题,例如缺货频繁、商品减少、人员配置的状况等等,绝不可能只和老板谈一次,就可获得全面的改善。碰到这种情形,最好能够先做好分隔计划,将所有的问题,分两次或三次进行沟通。

总之,没有事先计划,就是造成工作松散、连续沟通密集度低弱的最大原因。

◎ 自己的评价能力准确吗?

一般来说,店铺经营指导员都是根据手边的核对清单,来检查所负责店铺的营业作业状况。到底检查的结果是否正确，我认为大家有再次反省的必要。

因为有的时候，自己认为可以了，可是在第三者的眼里，却是不及格的。

这句话的意思就是说，区域经理对于店铺经营指导员所核对的内容必须再加以复查，或者是请其他的店铺经营指导员再核对一次。请别人过目，应该会更为客观。而原核对者也正好利用这个机会，了解自己的眼光和别人的看法有何不同。

不论我们的工作多忙，都应该随时保持审慎而敏锐的观察力，对消费者来说，店员的忙碌根本不是理由，如果认为消费者不会在意这一点，可就大错特错了，另外，消费者对于"污垢"也是很敏感的。一旦他们认为这个东西"好脏"，保证这次、甚至以后，都不会再有购买的兴趣了。

关于清洁维护，我们常被批评、指责有问题。尤其是陈列架。这对销售食品的店来说，是个致命的大问题。在消费者的眼里，陈列架就像家里的餐具，餐具脏了，当然就不想买，也不想吃了。

平心而论,装在瓶瓶罐罐等密闭包装中的东西,就算外包装沾了一点灰尘,对健康也不会造成什么问题,这就好比放在家中食品柜中的罐头食品,如果积了一些灰尘,我们并不会太在意的道理是一样的。

但是,被用来销售,陈列于店的商品可就另当别论了,因为这些商品和已经被买回家放着保存的东西是不一样的。消费者原本想买的念头,会因为看到灰尘而打消,即使是一条手帕也是如此。如果包装手帕的透明塑料袋有些灰尘,消费者多半就不想买了。把自己当成消费者,站在消费者的立场想一起,就能明白这个简单的道理。

不论消费者什么时候上门,我们的店都必须提供最齐全的商品,最亲切的服务。以忙碌为理由,降低服务品质,是店铺为自己找的自私借口,消费者是不会接受的。

清洁维护是基本原则中的最基本事项,如果连这一点都做不好,就更不要说其他的原则了。如此一来,该店铺被评价为马马虎虎、敷衍了事,也就怨不得别人了。

对于店铺的环境清洁,店铺经营指导员只

要在店中绕个十分钟,应该就可全部核查完毕了。指导员进行检查时,必须以客观严厉的眼光,把有问题的地方——揪出来,并且要求老板彻底改善。

◎ 何谓领导力

在组织中,通常职称中带"长"字的人,都是领导部下,执行工作的人。如果部下无法胜任其职,就表示这个人可有可无。以人体为比喻的话,这个人就像那截阑尾(突出像蚯蚓的构造)而已。

店铺经营指导员对于自己所负责的加盟店老板,是不是都能够针对他们不同的个性,给予不同的建议呢?如果是一套把戏走天下,对任何老板都说同样的话,这和盲肠没什么两样,公司根本不需要你。我们和老板沟通不是要大放厥词,而是要对自己的说过的话负起完全的责任,并确认实施的成果。

如果认为反正是个别会谈,所以不问对象是谁,全以统一模式处理,也不会有人知道。如果指导员抱的是这种心态,绝对无法达成工作使命。

零售圣经
7-ELEVEN

指导员如果不能配合对手的性格,给予适当的建议,让对手有意愿配合改善,该店铺的业绩是不可能好转的。

能够精准地做到这一点的人,一定具有领导才能,这种人不论做任何事情,都一定能达成使命。

没有上级陪同,就办不好事的人,或者是对加盟店老板未尽到店铺经营指导员责任的人,继续待在公司都不具任何意义。无法提升店铺的业绩,就如同化脓的盲肠,应该割除。因为不割除这截坏死的盲肠,就会危及身体其他所有组织。

一个有责任感的人,只要是责任范围内的工作,绝不推诿。在进行的过程中,不论碰到多么厌烦,多么大的障碍,一定都设法一一克服。越是有问题的店,指导员越是必须勤于拜访,尤其对于困难度较高的问题,更是应该铆足劲花更多的心血,但是大多数的指导员都背道而驰。人类惯于趋吉避凶,好逸恶劳,但是以这种心态工作,即形同放弃责任。

公司里,就算有人很努力,可是如果大部分的人,都用这种心态工作的话,前景将会问

零售圣经
7-ELEVEN

159

题重重。

以店铺开发辅导员（RFC，Recruit Field Counselor）为例，辅导员的工作不是只要做到让店铺数量增加就行了。对于经过评估看好的案子，希望辅导员能够发挥三顾茅庐的诚心，努力说服对方，让对方成为我们的加盟店。因为经过大家的努力才开张的店，其业绩都令人刮目相看。这种店的价值一家足以抵数家业绩没有起色的店铺。

如此，美好的未来才能拭目以待。

店铺经营指导员也一样，千万不要因为对手棘手难缠，就退避三舍，不去接触，如果能以自己的耐力让加盟店老板主动接近，工作必能事半功倍，这一点是非常重要的。

◎ 不以事小而不为

我曾经看过有人将发生的问题束之高阁，就是不去解决。

当问题发生时，趁问题小的时候动手解决最容易。如果认为不过是芝麻小事，嫌烦而搁置不管，小问题就越变越大，到了后来困难重重，解决起来即费时又伤神。

零售圣经

7-ELEVEN

大家都知道,发生火灾在第一时间灭火最重要。

但是有这样的例子,有人看火势不大,以为不叫消防车,凭自己的能力就可灭得了火,结果错误估计了形势,等到自己无法处理时,火舌已经侵袭左邻右舍了。

工作也是一样,有人会高估自己的能力,认为自己一个人就可以解决问题,则未向上级反映,可是当问题逐渐扩大到自己无法收拾的场面时,往往已经发展成足以危及公司存亡的大案件了。

最不可原谅的是,不管事情的大小,明知有问题,却视而不见。通常有这种心态的人,不是未意识到要把眼前的问题当作自己的事情处理,就是存心不想碰麻烦的事情,尤其当这个麻烦和别人有关系时,更是逃之夭夭,唯恐悔之不及。

如此一来,事情当然无法解决。事实上,许多逃得了一时的麻烦,到了最后还是又回到了自己的身上。只是这个时候,问题的规模已经成长了数倍,有的甚至已经到了无可救药的地步。

在公司里，我常听到有人说："我们的部长人真好。""我们的科长最善解人意。"而实际的状况是，对下属而言，他们是不会啰嗦，个性温和的上司，但是在我看来，能让部下称赞"人真好"的人，只能是不会做事的上司。

会做事的人，一定有自己的坚持，不但如此，身为上司者，还会将这份坚持具体地告诉部下，而且严格要求，绝不妥协。因此，一位优秀的领导，必定是一个啰嗦挑剔的人。

任主管者，看到问题睁一只眼闭一只眼，导致部下有样学样，公司将举步维艰。

◎ 领导人的资格

每年碰到岁末年终、一开春、黄金假期、盂兰盆节会等特殊假期的时候，就是我们的"旺季"。通常这个时候，我们会非常谨慎地考核各加盟店老板、店铺经营指导员、区域经理、地方经理（Zone Manager）等的能力。

这个时候，原则上我们不会下达任何指示，只是静静地在一旁观察。

换句话说，就是观察整体情况的发展，看看他们的工作态度、工作方式到底产生了什么

零售圣经
7-ELEVEN

样的结果，或者是我们自己所做的努力，又了获得了什么样的成果……因此，当"旺季"结束的时候，就是我们给予大家最客观评价的时候。这个时候，每一份工作、每一个人能力，都会赤裸裸地陈列于大家面前无所遁形。

例如，我们从店铺的情形，就可以透过老板的工作方式，看出店铺经营指导员能力的高低。从业绩结果，也可明白区域经理、地方经理采取了什么样的方针，以这些综合资料作为考核的依据进行评价，绝对公平公开。

在伊藤荣堂的业务革新会议及店长会议上，我提到了许多的事务。但是不少店铺经理或负责实际执行业务的人，竟然不知道我在会议中所讲的内容。这表示这些店长们来开会，只是自己听听而已，一点实质上的意义都没有。

在信息必须共享的时候，如果店铺经理无法将此方针彻底落实于自己的店铺，就没有资格担任店铺经理一职。

7-ELEVEN 的地方经理、区域经理、店铺经营指导员，都是属于店铺经理层级的工作者，换句话说，如果这些人无法在工作现场彻底执行公司的方针，就没有资格占着这个职位。

能否让该做的工作，从头正确彻底执行到最后，这就是管理的能力，也就是领导的能力。这点和社会经历的丰富与否无关，不具领导能力、不懂管理的人，就不具资格参与管理。

如果有人听了，觉得我的论调过于苛刻，这些人一定尚未将所有的心力投入工作。如果认为这是理所当然的，这些人一定就是脚踏实地做好每一项工作的人。这一点，只要自己扪心自问，答案就出现了。不能胜任工作或管理的人，却任主管之职，只会成为人家的笑柄。

昔日的天真想法，在今后竞争越来越强烈的社会中，根本没有生存的空间。如果我们做事的心态和方法仍和从前一样，只有等着被淘汰出局。

我们拥有一万名的加盟店老板，这些老板都是在我们拍胸脯保证一定让他们做出业绩后，才首肯拿我们的加盟权，加入我们连锁行列的。所以站在公司的立场，我们有义务依据合同，把所承诺的成果献给加盟店的老板。

所以，不管你喜不喜欢你的主管，都必须

零售圣经
7-ELEVEN

把工作做好。

当然,一切的基础,都必须建立在营造一个受消费者喜爱的 7-ELEVEN 之上。

可能大家会嫌我唠叨,可是我所要求的全都是一些理所当然的原则,绝对一点都不苛刻,做不到的话,7-ELEVEN 真的会垮台。

◎ 以团队方式进行工作

选择开店的地段,不是建筑部门的责任,而是开发店铺的辅导员和有权批准、审查地段市场系统稽查人员的责任。

但是,为了要开创一家高效率、高利润的店铺,建筑部门有义务提出专业的看法。因为建筑部门拥有过去所开设的一万家店铺的实战经验,他们可以从这些资料中非常清楚地知道店开在什么地段最好经营。

所以,选择开店的地段虽然不是建筑部的责任,但是对于店铺开发辅导员所找的店面,建筑部门必须提出问题,包括该地段的可疑之处、应该注意事项等等。

开一家能够创造利润的店,绝不是某一个人特定的责任。有好的地段、好的店面、好的市场操作系统,才能拥有一家有亮丽的利润及高营业额的店。

每一家店的业绩都和各部门有关,所以不论哪一个部门都必须兢兢业业将工作做好。

"这不是我的工作。""选择店面地段是店铺开发辅导员的责任,和我无关。"如果大家都将这些话挂在嘴边,我们铆足精力,为加盟店老板追求业绩,以及我们和加盟店相互之间的共同支援作业系统,将会无法承受考验而崩溃,因为我们是以公司的名义和加盟店老板签订合同的。

因此,大家共同关心同一件事情,是非常重要的。因为这不是某一个人的责任,而是只要一有状况,大家就必须将之视为自己的问题,彻底讨论交换意见,寻求解决。

商品也是一样,只要商品一出问题,商品部门就有归罪于外的倾向,不是怪商品制造商,就是说商品供应不对,一股脑儿钻往逃避责任的方向。但是这么做于事无补。碰到有状况时,大家必须团结一致,同心协力,彻底进行改善。

当然,对于商品的开发及选定,商品部该

负最大的责任。但是,当店铺出现了滞销商品或者是有味道不对的商品时,负责将它们从卖场去除的,却是业务人员的工作。

所以,我们的业务人员,平常是可以试吃的。

只填填传票,就可以试吃的自己所卖商品的公司,在全世界的零售业中,7-ELEVEN 应该算是绝无仅有的,但是偏偏有的业务人员就是不肯活用这项制度,任由品质不佳的商品搁在卖场中。

这对必须以严厉的超标准为品质把关的我们而言,这种事是不被允许,也是不可原谅的。

◎ 信息共享,团结合作

在巡视店铺里的商品时,常会发现价格标签就不偏不倚地贴在商品的说明栏上面,把有关商品最重要的说明藏了起来了。这种事,只要我们稍稍留心就可以看得一清二楚,但若是商品部或负责物流的人,佯装不知、得过且过,形同放弃自己分内该做的工作一样。

碰到这种状况,我们当然必须找负责贴价

格标签的供货业者,但是让这类商品就这么上架的物流人员,也同样难辞其咎。商品部或负责物流的人员看到这类的商品,都必须将货退还给供货业者。

没有人不知道商品为什么要附上说明,所以,如果连这个基本的道理都视若无睹的人,根本没有资格参与和消费者相关的经营。

经营的环境越是恶劣,就越应该谨慎以对,而不能有丝毫的松懈。

店铺是为了要消费者上门购买商品而开设,所以不论是店铺开发辅导员寻找地段、店面,建筑部为店铺设计规划图、设计动线,或者是店铺经营指导员指导加盟店选择商品、做单品管理,全都是为了吸引消费者走进店门购买商品。

为了达到这个目的,包括加盟店老板在内,我们都必须做到信息共享、团结合作,才能够完成我们自己的工作使命。

店铺开设地段欠佳,店铺经营指导员拼命改善,效果却不明显;地段不错却没有停车场可以利用;店里动线设计不佳,让消费者买东西很不方便;地段、停车都没有问题,可是顾客买不到想买的商品……不管缺少哪一个条件，7-ELEVEN 的店都无法成立。

人是惯性极强的动物，要经营便利商店绝对不能让自己陷入因循懒惰的坏习惯里。所以我们必须随时谨记要多争取一位顾客、多满足一位消费者，多听一位顾客的抱怨，进而彻底实践基本原则，努力呈现高品质的工作水准。

◎ 开会解决不了问题

发生问题时，就想召开会议寻求解决，这是一种极为荒谬的想法。

因为不管开多少会，都提不出解决的办法。如果开会就可以解决问题，大家就无需工作，只要从早到晚开会就可以了。所以发生问题的时候，我们应该寻求更有效的解决方法。

一个会议频繁的公司或部门，只证明了该公司或该部门领导者的无能。

一个缺乏领导才能的领导者，就是因为自己提不出方针，才会召开无数的会议，换句话说，会议越多的公司业绩就越差。只要领导者能够提出正确的经营方针，根本不需要开会。

我们召开 FC 会议的目的,不是要在会议上听取每一位参加者的意见,而是要大家透过交流,彻底实践公司的想法。

但是一般的会议,则是大家一起参与,东扯西扯。群舌议论一番,这种做法相当浪费时间。

如果大家认为花不必要的时间开会,就可以让业绩成长,其实都是一种错觉。

然而,还是有不少人会在工作时掉进这种错觉中。当我们努力工作而看不到该有的成绩时,就应该反省、重新思考是不是自己的做法出了问题,才是正确的解决方法。

◎ 认清工作的本质

现在,7-ELEVEN 与大和运输(Kuroneko Yamato,宅急便)一起合作提供宅配服务,但是在这之前,我们曾和 N 公司签过约。

但是 N 公司的宅配服务老是出问题,不是找不到地方,就是无法在指定时间内送达。站在消费者的立场来看,发生这种情形,根本是莫名其妙的。所以我们马上派了负责该业务的业务人员及其经理,前往 N 公司和对方的经理及高层干部交涉,设法解决问题。

　　针对这个问题,我们在一个月的时间里,整整谈了十次。在我们不厌其烦反复协商之后,N公司终于了解了我们的想法,并配合改善其原有的宅配系统。

　　不仅是宅配的问题,其实不管是任何问题,想要做好事情,都必须坚持不妥协,贯彻到底。整日和消费者打交道的我们,好好地把工作做好,就等于协助了我们厂商客户。

　　我们总是希望沟通一次就能得到对方通盘的理解。事实上,每件事都有它过去的来龙去脉,所以事情并不如我们所想像得那么简单。因此,只要是打着为消费者着想的正义名分,我们就绝不妥协,不论是哪件事,在未能获得对方理解之前,就应不厌其烦地交涉再交涉。

　　宅配事件过后,N公司的一位高层说:"我做了这么多年的生意,接触过无数的客户,可是从来没有一家公司会为了一件事情坚持得这么彻底。7-ELEVEN以后一定大有可为。"

　　这是当然的!如果我们公司负责该项业务的人员,眼中只有眼前的利益,就不会给对方出难题了。为了消费者,我们应该抱着"做好工作"的心态和对方进行交涉。不管对方是董事长还是位居高层,该追究的事就应该追究到底,因为这就是我们的工作。

工作的时候,一定会碰到许多的问题,一一解决问题,就是我们该做的。不管服务的对象是加盟店的老板还是厂商客户,都必须秉承这种精神,碰到问题,要面对它,绝对不要逃避。

解决问题,必须要深入而彻底,如果和自己的利益产生冲突时,不能只顾个人的利益,因为如果公司的员工,都以己利私欲为出发点,公司和员工之间的依赖关系将无法建立。

只有在店铺能够得到消费者青睐时,加盟店、厂商客户以及大家才能够获得利润。我想这就是经营的原点,也只有在这种观念之下,当我们面对自己的工作时,才能真正认清工作的本质。

只要能够认清工作的本质,即使碰到再多的问题,相信也都可以迎刃而解。

如果认清了工作的本质,进而选择离开像7-ELEVEN这么严格、这么讲求彻底实践的职

场时,其实对我们自己而言也是一种损失,对
于这一点相信我们的交易厂商及客户应该能
够认同吧!

编者后记

日本的 7-ELEVEN 现在的事业领域已经超越了便利商店的事业，成为日本流通业界中的首席企业。

7-ELEVEN 连锁便利商店一年的总营业额为22 000亿日元，大幅超越第二名的永旺（AEON）17 000 亿日元，第三名的大荣（DAIEI）15 500亿日元，第四名伊藤荣堂的15 200亿日元（全都是结算至 2003 年的 2 月底），并且还持续向上成长。

而 7-ELEVEN 的利润更是高达 1600 亿日元，在流通业界无人能出其右，在我们的产业界亦是屈指可数的高收益企业。

其股票自上市以来，连续两三年配股配息，在经济普遍不景气中，仍然创造了令人不可置信的超凡业绩。

从以上的数字，我们可以知道 7-ELEVEN 每一位员工的经常利益相当于一年 3700 万日元(即每一位员工为公司创造的利润为一年3700万日元),比起母公司伊藤荣堂的350万日元、永旺的220万日元都要高出10倍之多,其生产率之高真是惊人。

7-ELEVEN是日本最大的流通企业集团——伊藤荣堂集团中的核心企业之一。在所有的36 000家店之中,7-ELEVEN的店就占了25 000家,到2003年8月底,日本的7-ELEVEN就超过了10 000家,距第一家店开张,整整38个年头。

不仅是在日本,而是在全世界的流通中,不论质和量都具代表性的7-ELEVEN能够茁壮成长到今天这个规模,到底是靠什么力量做到的呢?这是个许多人都关心的问题。因此就有许多人针对这个问题,进行分析和研究,并出书立著。

早年,我曾经以《7-ELEVEN的奇迹》(1979年)一书向世人介绍7-ELEVEN,之后又陆续写了几本和7-ELEVEN相关的书。

但是,因有机会接触到某个事实时,我受到了相当大的冲击。因为这个时候,我才知道之前自认为缜密周详的资料,虽然经过了研

零售圣经
7-ELEVEN

读、观察，仍旧只是一些肤浅而表面的东西。

众所周知，7-ELEVEN 在创业之际，铃木敏文先生即被视为领导者，并受到伊藤荣堂一路栽培。在铃木敏文先生的提议之下，7-ELEVEN 在创办不多久后，就开始在 7-ELEVEN 总公司，每周举行一次"FC 会议"。这个会议已经举行了 1300 次之多。

所谓的 OFC（Operation Field Counselor）就是店铺经营指导员。一个店铺经营指导员负责七八家加盟店，为加盟店老板提出最佳经营策略，等于是公司派在现场的最前线员工。店铺经营指导员的上司是区域经理（District Manager），区域经理的上司则是地方经理（Zone Manager）。7-ELEVEN 每周会议将这些人全都集合到总公司，与另外加入总公司的一些幕僚人员进行直接面谈。每周一次从未间断。

铃木敏文先生都会尽可能地出席 FC 会议，并在全体出席人员面前畅所欲言。至于会议记录，则是全数保存不外流。事实上，因为讲谈社打算以长达数万页的会议内容为基础，出版单行本，铃木敏文先生才答应让我阅读所有的会议记录。

四年前由于我得了不治的眼疾,在视力近乎为零的情况下,我根本无法阅读任何书籍。只好特别请当时正在大学一边念书,一边担任我的助理的桑原聪子小姐(研究所毕业后,现在在我所负责的 OFFICE 2020 新社股份有限公司担任《THE 店长会议》杂志总编辑),为我将所有的会议速记内容进行录音工作。所以只要一有时间,桑原聪子小姐就会到伊藤荣堂集团办公室报到。耗时两年,录音工作终于大功告成。总共录了 80 卷,每一卷长达 100 多分钟的录音带(桑原聪子小姐的说话速度相当快,如果以一般人的速度录的话,可能会有 100 卷的数量)。

在第二代的助理关根满(桑原聪子小姐所就读研究所的学弟)及后来的第三代助理也就是我现在的秘书田口香世协助前,我已经开始一边听录音,一边着手撷取精髓,做重点整理原稿的工作。我利用正职上班的空当及休假日,花了近两年的时间,终于将 80 卷录音带的内容写作成书。

阅读(倾听)铃木敏文先生所说的话,由于

零售圣经
7-ELEVEN

资料多得惊人,常听得我天昏地暗。可是在倾听之中,我接触了和我之前认识完全不同的另外一个铃木敏文,让我非常震撼而备受冲击。这份感动我只能以一句话来形容,那就是"太精彩了!"深深感叹有人能够"做到这种程度!"我真实地感受到了 7-ELEVEN 之所以能够成功的真正秘密,我的内心充满了感激。

零售圣经
7-ELEVEN

80 卷的录音带内容,经过一番天人交战、仔细基本,细选再细选,最后成稿的数量,有四本单行本的分量。因为这些丰富的内容,实在令人无法再做割舍了。最后我只好将编辑权交给讲谈社的古屋信吾先生和增渊先生,并对他们说:"其他就交给你们了,请你们自行选择吧!"毕竟犬守夜难司晨,无论做什么事还得靠行家。

其中我只坚持一点,那就是编辑时忠于铃木敏文先生说话时的那种原汁原味,也就是要让读者透过每一篇文章,都能感觉到亲临现场的震撼,仿佛都听到了铃木敏文先生每周一次总计超过 1300 次和日本的 7-ELEVEN 干部、员工们面对面沟通,甚至是严厉斥责时活生生的声音。现在市场上有太多太多和铃木敏文先生、7-ELEVEN 有关的书籍，但是本书的内容在其他书中是绝对看不到的，对于这点我相当的自信。

从接触资料到成书，整整四年，这真是一条很漫长的路。这一策划，最后以《7-ELEVEN 零售圣经》和《7-ELEVEN 经商之道》两本书具体呈现，同时出版，请各位读者两本书一并阅读。另外，对于未收录在这两本书的其他原稿，或许在不久之后，会以其他方式和大家见面，请大家拭目以待。